U0831931

拾壹

中華武術大觀

图书在版编目(CIP)数据

李文彬、董平专辑：流星锤技法要旨/李文彬，董平编著.
—武汉：湖北科学技术出版社，2016.4
(中华武术大观)
ISBN 978-7-5352-8587-4

Ⅰ.①李… Ⅱ.①李… ②董… Ⅲ.①器械术(武术)
—基本知识—中国 Ⅳ.①G852.28

中国版本图书馆 CIP 数据核字(2016)第 072859 号

责任编辑：谭学军 徐 竹　　封面设计：胡 博

出版发行：湖北科学技术出版社　　电话：027—87679468
地 址：武汉市雄楚大街 268 号　　邮编：430070
(湖北出版文化城 B 座 13—14 层)
网 址：http://www.hbstp.com.cn

印 刷：随州大同文化有限公司　　邮编：441300

787×1092 1/16　　10.75 印张　　4 插页　　160 千字
2016 年 7 月第 1 版　　2016 年 7 月第 1 次印刷
定价：48.00 元

李文彬
董平

流星錘技法要旨專輯

長江出版傳媒
湖北科学技术出版社
南粤出版社

鄂新登字 03 號

責任編輯　李慎謙　董　陽
執行編輯　李慎謙
責任校對　蔣　静
封面設計　秦滋宣　洪清淇
印刷監製　蘇江洪

書　　名　**李文彬　董　平專輯・流星錘技法要旨**
（中華武術大觀・拾壹）
編 著 者　李文彬　董　平　黄偉光
聯合出版　湖北科學技術出版社
中國湖北省武漢市東亭路 2 號
HUBEI SCIENCE AND TECHNOLOGY PRESS
2 Dong Ting Road, Wuhan, Hubei, China
南粵出版社
香港域多利皇后街十號 **801** 室
SOUTH CHINA PRESS
Rm. 801, 10 Queen Victoria Street, Hongkong
發　　行　新華書店湖北發行所
印　　刷　湖北省新華印刷廠
版　　次　1994 年 12 月　武漢　第 1 版　1994 年 12 月第 1 次印刷
印　　數　1—5 000
規　　格　16 開(185×260mm) 10.75 印張　4 插頁
書　　號　**ISBN** 7－5352－1624－2/**G**・466
定　　價　14.80 圓

1

1. 董平（右）與李文彬老師（左）工餘小憩合影
2. 董平在恩師李文彬指導下練習形意劍
3. 李文彬在給董平指導跨虎登山式的造型
4. 金鷄上架
5. 旋子下掃錘
6. 蘇秦背劍
7. 青龍出水刀
8. 仰身後衝錘
9. 董平在指導學生練劍
10. 董平在寫作

2

3

4

5

6

7

8

9

10

總　　序

中華民族，歷來文武并重，“乃武乃文”（《書·大禹謨》）。最初建立國家，都是以武來完成的。周武王於牧野誓師，號令：“稱爾戈，比爾干，立爾矛。”滅掉暴君商紂，立即“歸馬於華山之陽，放牛於桃林之野”。（《書·武成》）春秋宣公十二年，楚敗晉師於邲，楚子明確地指出：“夫文，止戈爲武。”接着進一步指出：“夫武，禁暴、戢兵、保大、定功、安民、和衆、豐財者也。”也就是“武有七德”的説法。武，不可一日廢，但決不提倡“耀武觀兵”。

古代教學，也是文武并重。《周禮·地官司徒·保氏》：“保氏掌諫王惡；而養國子以道，乃教之六藝。”其中“射”與“御”，即着眼於培育國防人才。《文獻通考·選舉考·武舉》：“漢興，六郡良家子，選給羽林期門，以材力爲官，名將多出焉。”《事物紀原·學校貢舉部·武舉》：“《唐會要》曰：‘長安三年正月十七日，詔天下諸州，宣教武藝，每年準明經進士，貢舉例送，此武舉之始也。’”漢、唐以後，歷代相沿。雖有起落，并未中止。

當然，今天的武術運動，只是整個體育事業中的一個組成部分。由於時代的推移，它的作用，應當賦予新的内容。在增强全民體質、提高世界武術運動水平的前提下，挖掘整理傳統套路和鍛煉方法；研討修身養性、攻防技擊等有效成果，以之公諸同好，作他山之助。

本叢書基於上述目的，分輯陸續出版。舉凡各門派有代表性之拳、械具鮮明特色者，兼收并蓄，百花齊放，四海一家，無分軒輊。

“天行健，君子以自强不息。”願八方風動，我武維揚。

《中華武術大觀》編委會

目　録

序　　言

流星錘的應用和發展源遠流長，可追溯到舊石器時代，我們的祖先爲了狩獵就開始使用石球和流星索了，而流星索就是用繩索繫以石球用來拋擊或纏繞野獸用的，這已從許多歷史文物中得到證實，這便是流星錘的前身。待有了戰爭，流星錘則又成爲戰爭得力的武器。正像《中國兵器史稿》《明代繫兵》文中所述："其作用介乎短兵與長射器之間，可以拋擲擊遠，亦可縮短以擊近身之敵之兵器也。繫兵未必始於明代，但明人用之頗多，不但步卒、騎士均曾用之，且出海遠去之明代海軍亦曾利用之，以作舟上戰及登陸後拋擊土人之特種兵器。"但該書在寫兵器考證中却未曾對明代以前的繫兵作何考究和論述，而在《明代繫兵》一文中雖未明確其淵源，但作者周偉已肯定"繫兵未必始於明代，但明人用之頗多"。正因爲明代使用之盛，影響較大，乃在民間傳説中多有"流星出現於明，而盛行於明末清初，多爲抗清志士、遊俠、義士所使用"之説。

因爲流星錘既便於携帶又有很强的技擊作用，特别是不拘敵方人多人少都可發出震撼群膽降敵制勝的威力。它既可作爲暗器又可作爲表演的特技藝術出現。所以，編者幼年習武便憧憬能掌握和運用這一武器。但所接觸到的武師均不諳繫兵，致夙志未酬。直到 1931 年得遇精於馬上步下武藝，尤擅暗器、輕功的徐德福老先生，在向他學習柔韌輕功的同時，也得到他對繫兵和暗器給予的指教。雖未能得窺流星錘的精華全貌，也略知流星中技法竅要，其後在五十多年涉足武壇的歷練中，凡耳聞目見有練流星錘者無不趨訪求教，藉以瞭解其技法動作之特長及其換把發勁有何獨到之技法。數十年的經歷告訴我，現在雙流星錘的動作和套路在技擊用法上，可以說久已失傳，只有在舞臺表演中尚能略見其動作形迹。

筆者多年受精力和環境所限，未能對流星錘進行精煉，也未能盡早完成其挖掘、整理工作。但由於筆者對流星錘的偏愛，因之總想找個勇敢而又堅强的青少年來代我完成這一夙願。於 1973 年齊齊哈爾和平機械廠開辦青少年武術班時，發現了堅强逾於一般男孩，而淘氣又幾乎超過所有同伴的十二歲女孩——董平，看她膽大心細，領悟力强，勇於實踐，敢於創新，就試着把流星錘的技法一點點地教給她練。而她由於對流星錘的興趣濃厚，勇氣倍增，幾乎没用沙袋就直接操舞起金屬錘來。只要指給她動作要求和要領，她就敢於實踐。在她掌握了流星錘的器械性能後又指給她技擊動作和發勁要領，她經過五年多的刻苦鍛煉和技法鑽研，終於摸清了流星錘的技法規律，并做了許多新的嘗試。在動作和發勁上又有了許多創新，做到了“指向出錘，變勢應心，發錘剛疾，逢擊不空”。當她入武術班三年時（1976 年，十五歲），就被選中代表黑龍江省參加全國武術比賽。1984 年她代表哈爾濱體育學院參加全國體育院校武術比賽時，表演的流星錘獲傳統器械金牌獎，還因動作剛疾、熟練、變化多端，人們前所未見，致引起不少教師和運動員學練她的流星錘。由於她練的流星錘變化奇幻，錘勁剛疾，且“脖肩膊肘腕加手，腰身胸脊胯膝足”，無處不能發錘勁擊，使我感到欣慰。尤其令人滿意的是，她能基本擺脱現時武術繫、軟兵器只用舞花的形式化，而能突出流星錘的實戰性。她未及而立之年，不僅精於武術且能兼擅藝術體操、健美操和壘球等項目，已成爲哈爾濱工業大學體育部最年輕的講師。願她在今後的歲月裏堅持練功，不斷總結提高，在今後的教學工作中更好地發熱發光，爲提高中國武術，特別是繫軟兵器技術水平做出更多的貢獻。我們師徒爲了扭轉繫兵流星錘的單純表演性，使它再現其特殊技擊作用，恢復其實戰效能，剛剛開始做出第一步新的嘗試，不當處請明家指正。

滃然李文彬

1991 年元月於北國鶴鄉

前　言

武術器械是人類由狩獵、抗敵、勞動、防身實踐體驗中總結、創造、發展而來的。在戰鬥中由於群戰、單鬥、遠攻、近戰、明爭、暗取等不同的形式，以及運用個人擅長，使武器能適應於實戰需要，便產生了許多長短、軟硬等不同類型器械的變化。而繫兵則是其中源遠流長的較古老的一種既先用於狩獵，又效力於戰爭，爲人類出力最早的武器之一。由於它有携帶方便、威力較大的特點，向爲人們所喜愛，特別在群戰中，它比“棍打一大片”的威力還雄猛且打擊面大，尤其用起來既省力又遠近咸宜，殺傷力强。在單戰中，它既可明鬥，又可暗取，顯示出流星錘在古代實戰中的優越性。

由於人們體驗到流星錘在實戰中的作用，使之對它的技術便不斷地總結提高，技法就更趨完善。但是人們對通用的長短器械，如刀、劍、棍、槍等，歷代名家多有著譜留世，而對軟兵器，特別像流星錘，雖然功效顯著，傳留年久，甚至到明代更成爲習練和運用最普遍的高潮時代，也只有口授心傳，却無經、譜留世。有些人認爲軟兵器是以小巧雜技制勝，難登兵家大雅之堂，故未能引起重視，實則正因爲它技法獨特，不得竅要難於掌握運用，特別是它具遠近、明暗、單群、强弱無不適宜的特長，故擅其技者視爲防身之寶，多珍秘不傳以至其技擊之法，年代既久幾近湮没。而今，就其技法作用的現實意義來講，它還有健身逸趣、演練陶情大有益於身心的保健作用，確應珍惜并習練之來加以運用。

我師徒爲了保存它可貴的技法，避免失傳特對這一器械的動作和技法要詣加以整理、提煉，以供愛好者研究與利用，使這一具有多種效能并幾將失傳的武術器械得以傳留於世重放光芒。我們能不吝惜珍秘，輯以問世，實在祖國發揚優秀傳統——武術的感召下，略盡綿薄之力耳。

編著者

1991 年元月

一　流星錘簡介

流星錘史略

據民間傳説，流星錘盛行於明末清初，向爲江湖遊俠抗清尚武之志士所習用。因携帶方便，不露形迹，不論戰鬥防身，人多人少，遠攻近取皆可發揮顯著威力。它亦名飛錘，既可作正兵使用，又可作暗器使用。實際這類傳説與歷史考證還是有很大出入。

根據考古資料發現，石器時代狩獵工具的石球和以繩索繫之的石索，無疑就是流星錘的前身。它起源於黄河流域中游，最早可以追溯到遠古的舊石器時代。從故宫博物院唐代的銀杯，中國歷史博物館畲族的獵神圖和四川成都百花潭中學十號墓出土的銅壺，都可看到流星索的遺迹。且索端不僅有一球的，還有二球、三球之分，這可能是怕一球不準，而多球易中吧。

其後人類出現了戰争，流星索由人與獸鬥的工具變成了人與人交戰的兵器。從四川成都百花潭中學十號墓出土的戰國時期水陸攻戰圖，便可見到使用流星索進行襲擊的形象。由於使用流星索的技術逐漸提高，自宋代以後漸漸形成鍛煉使用流星索的動作和套路。至明代列爲繫兵，以繩索或鐵鏈扣擊一兵器，手執索鏈之一端，而用力將另端所繫之器擲出擊人或鈎人；其作用界乎短兵與遠射器之間，可以抛擲擊遠，亦可縮短以擊近身之敵之兵器也。繫兵未見始於明代，但明人用之頗多，不但步卒、騎士均曾用之，且出海遠去之明代海軍亦曾利用之，以作舟上戰及登陸後抛擊土人之特種兵器。此種明兵所用之錘制式較繁，明茅元儀氏所著之《武備志》中圖示者只有三種。其中之一爲飛錘，即流星錘：在一繩索之兩端，各用鐵環扣繫一六角形之鐵锤。其錘一名正錘或擲錘，用右手擲出擊敵；一名救命錘，用左手緊握，名爲救命者，危急時用以擊敵而自己得以解脱（圖 1－1)。至清代猶多有使用者，如清乾隆年間的《廣與勝覽》等書多有記載。及至 20 世纪 40 年代則只見於舞臺之雜技表演矣。

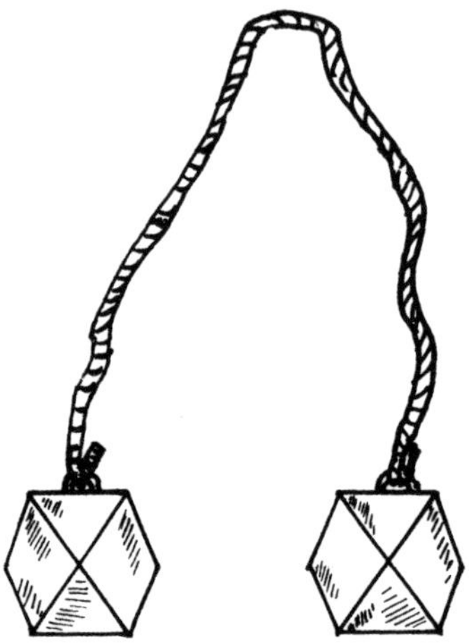

圖1-1

流星錘的技法演變和探索

明代流傳應用的流星錘是雙錘，是一錘攻一錘守。從歷史資料上看，錘形是多棱角的，目的是爲了增强殺傷力，故單錘也有用多刺型的。爲了避免自我碰傷和加快用錘運行速度才逐漸改變成弧形和圓形的。

通過明人的實戰應用，人們感到一錘專爲進攻用，另一錘專爲防守用，不能發揮兩個錘的交互攻防作用和充分利用戰機。而且，繫軟兵器用來防守不如短兵器，甚至還不如徒手來得方便，特别是雙錘交繞使用，技術難掌握，在實戰中運用它尤爲不易，故習練者日少。到清代才逐漸把雙錘改爲單錘，以求便於實用。

前輩中雖有人曾試圖改進明人的傳統習用方法，使兩錘都能攻防并用，但因雙錘交繞配合使用已難掌握，何况錘的攻擊需要做到勁疾如電閃，出錘發勁要脆猛剛實，而且要在纏繞掄擺和舞花中發出，就更難掌握。因之，精通者極少，傳記、野史的記載也較罕見，説明雙流星錘的技擊之法本身難練，再加上人們珍秘保守，故能用於實戰的技擊之法久已失傳。唯因雙流星錘在習練中雙錘交舞，如流星趕月一般，使人觀之賞心悦目，乃成爲舞臺雜技藝術而流傳着。

清代把雙流星錘改爲單流星錘，與清代其他繫兵類的繩鏢（又名甩頭）、龍須鈎、鐵蓮花、錦套索、飛抓以及狼矛錘等一樣，作爲暗器來使用。流星錘與繩鏢因殺傷威力既大，又便於携帶，就更爲人們所喜愛而習練之。近世有練單流星錘者只是把清代單練投擲、打準的暗器練法加上舞花改爲動作套路，作爲鍛煉表演的工具。其動作和套路基本是以各種舞花所組成，既無益於實踐更缺乏驟發迅疾、剛脆勁猛的攻擊力，又無流星錘的技擊特色，而實爲軟鞭之類的表演工具。

爲了挖掘整理瀕於失傳的雙流星錘的優良技術，儘量保存和發揚其特有的技擊特色，我師李文彬老先生經過幾十年的探索，搜集諸多歷史資料，綜合所見的雙流星錘的動作和技法，并汲取了其他繫軟兵器的長處，改進充實既有動作技巧，又特別提煉出多種發勁的技擊之法。我有幸得師之心傳、獨授，迄今已閱十又六載，猶潛心探索、實踐并不斷地作新的更高而難的嘗試，以求使兩個錘的攻防運用技巧更趨精練，使擊錘發勁達到迅疾準確、剛脆勁猛的擊法要求。

多年的鍛煉使我認識到只有這樣才能做到繼承發揚即將失傳的傳統武術器械雙流星錘的技術精華，這也是我們鑽研精練它的技術關鍵。至於在舞臺、雜技中所表演的水、火流星的撒手舞花、高拋舞花等，則應視爲純舞臺藝術而非武術技法，故不應納入武術的動作套路中。

二　雙流星錘的特點

雙流星錘的器械特點

雙流星錘是以繩索連繫雙錘，屬於繫兵類。但它又與清代繫兵類的單流星錘以及龍須鈎、鐵蓮花、飛抓、狼牙錘等其他各種暗器不同。雖然那些暗器也是雙手使用，又同是用較長繩索（長者甚至長達10米）連繫武器，但單、雙不同，性能也各異。那些繫兵類所以叫暗器，因爲只能在暗中使用或突然襲擊。而雙流星錘雖在適當條件下也可當暗器使用，但它主要還是在一般條件下用於攻防的正常武器，它的雙頭和不特長的繩索也就決定了它的器械特點。

那麼，現在使用雙流星錘的長度該以多長最適宜？因每人的身高不同，故所用雙流星錘的長度也該有所不同。根據傳統技法并經過多年的實用經驗，最適宜的長度爲，本人立身舉臂屈腕將一錘握入手中屈腕拉開，另一錘垂達地面（圖 2－1）。這個長度便於雙錘并用，遠攻能够迅猛剛實，近取尤利敏捷多變，故該是所使用的最佳長度。

圖2－1

雙流星錘與一般長、短器械不同。一般器械除用金屬體外，再就是臘木杆或其他硬木杆。在實戰中，特別是防守時，它可以直接接觸對方器械（包括帶刃、帶刺的），以架、擋、攔、截、掛、撥等技法破壞對方的進攻。帶金屬環、鏈的軟兵器械，如三節棍、稍子棍等等，也可以利用棍體部分直接接觸對方的器械。唯繫兵的軟索（如流星錘），一碰到硬物則彎軟，不但不能阻止進攻，反而破壞了錘的運用慣性，造成散亂，不僅未能擊敵反會陷害自己。所以雙流星錘的防守技法是“以攻爲守”，是藉握法、錘法、步法、身法的變化，既起到防守的作用，又完成進攻擊敵。但需要注意的是雙流星錘和一般雙器械有着共同的弱點，就是在運動中，左、右器械有着各自運動的去向和規律，特別在戰鬥中常因對方的進攻或防守動作，干擾和破壞器械左、右的某一方，而流星錘更易出現雙錘自相矛盾，特别是繫兵繩軟，一經矛盾便難以解脱。所以，必須善於“收、走、閃、變”，來掌握和運用這種器械。可以説這是練它、用它必精的前提，只有知道它的器械特點才便於掌握它的技法而很好地應用它。

雙流星錘的技法特點

雙流星錘的技法有它獨特的風格和特點，“變幻神出鬼没，輪轉快而生風”，突出纏、抖、砸的技法特點，使之變化無窮，眼花繚亂，而致使對方難以提防。尤其“纏、繞莫測，收放神奇，動如潑風，擊若塌山”的威力，令人見而生畏，敵膽自寒。它的動作都是利用周身各個部位的運用和發巧力來完成的。而且是“軟中有硬，忽短忽長，纏、砸并用，擊西又東，身械一體，快速靈巧。握法、錘法抬多變速，步法、身法亦攻亦守”。脚下的動作既要輕又要穩，變化尤頻，攻即是防，防即是攻，所以必須做到“變化迅速，反應靈敏”。由於在整套練習中錘總是在動，没有停頓，也就是前一個動作的結束就是後一個動作的開始。因之錘的運用必須善於利用動的慣性而變化，隨之意向神施，充分發揮它潑風、奔雷、無堅不摧的威力。

在雙流星的技法中，“前手是指南，定向，指哪打哪；後手是根本，動則勁發，迅若奔雷”。“兩手配合協調，動静如一”，“兩錘併用，切忌相謬”，“立花垂直、横花平正，兩種相稱，互助互力，纏掛準確，順逆如一”，舞花與棍槍不同，由於柔軟器械“絶非力勝，必須是綿裹裹鐵，柔中寓剛，借勢發威，順柔驟剛”。不如此，就不能使連綿不斷的動作達到“需柔則若遊絲軟縶，需剛則似墜石奔雷”。特别是流星錘在運用中變抬、變勁、變向、變用，幾如戲法魔術，障眼運搬，神妙莫測，關鍵在於“换把變身”，這是使用流星錘的技法竅要，萬法之源，也是過去不傳之秘。今予公開，望學者珍惜時習之。

前賢有諺云：“巧使流星，順使鞭。”説明流星錘的繩索軟，慣性大，不能力用，只能巧使。它所以要巧使，不僅是器械性能所決定，特别在使用技法上可以説是“一身是法”，哪兒都要用，而且哪兒都能用。故而經云：“脖肩膊肘腕加手，腰身胸背胯膝足，哪用哪有錘聽令，潑風霹靂顯神通。”前輩雙流星錘譜十六訣亦批露如此：

流星似電展風威，勢若奔雷鬼神摧。
翻飛纏繞舞中取，軟索鋼錘貼身飛。
腰爲主宰勁有根，跐脚發勁抖背擂。
勁發必收攻中守，周身一力若霹雷。
活前實後動中變，前把定向後把催。
一動既發另動始，發勁到位合把勒。
眼追流星手似電，腰如蛇行撼虎背。
指哪打哪人莫測，鎚隨身變抖神威。

三　雙流星錘的基本技法

雙流星錘的握法及手型

起式時的拿法

兩錘都握在左手，左手四指并攏，拇指張開，然後用四指握住兩錘索的根部，使一錘在小指側掌緣，以小指卷屈握緊其錘根繩索，另一錘在拇指與食指間，以食指中節和拇指肚掐住錘索的根部。握好的兩錘在左手中，要左、右相分相稱，既穩且實（圖 3－1）。

圖3－1

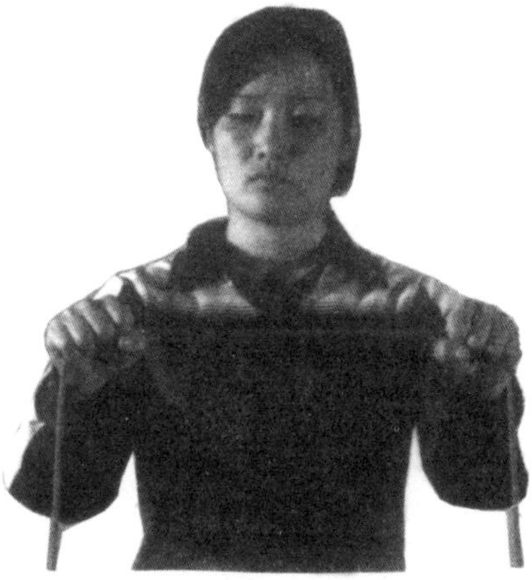

圖3－2

握法及手型

流星錘的握法分爲正握、反握、抓握、陰陽把、攏手等法。它們通過各種不同的手型及握法的變換來完成各種不同的動作和錘法的運用。

（一）正握

兩手背向上，四指并攏，拇指張開，如卷餅式向下卷握，把錘索握在兩手中，兩拇指扣在食指上，兩虎口相對（圖 3－2）。

注：兩錘頭分別在兩手的小指側掌緣外。

（二）反握

兩手心向上，四指并攏，拇指張開，四指就像卷餅式向上卷回握住錘索，把錘索握在手中，拇指扣在食指上，兩手小指側掌緣相對（圖 3－3）。

注：兩錘頭在兩手虎口方向。

圖3-3

圖3-4

（三）陰陽把

一手正握錘索，另一手則反握錘索（圖 3－4）。

注：兩錘頭一頭在一手的小指側掌緣外，另一錘頭在另一手的虎口外。根據動作需要決定哪手正握、哪手反握。

（四）攏手

一手實握於錘的根部，另一手在實手前端虛攏捋之（圖 3－5）。

圖3-5

注：圖中爲左攏手，右攏手與左攏手的動作相同，左右相反。

（五）抓握

左手正握，右手反握，錘打出後兩手拳面成斜面，十個手指抓實握緊錘索（圖 3－6）。

注：圖中爲左抓握，右抓握與左抓握的動作相同，左右相反。

圖3-6

雙流星錘的手法勁路要求和特點

流星錘中的手法不僅變化多，而且或鬆或緊，或鬆緊結合，陰陽交錯，應該做到手指向哪錘就打哪，前手起定向作用，後手起發力作用。但有時前手既定向又發力，後手則起隨追助力作用。出手要快，發勁要猛，應練出迅雷不及掩耳之威勢。要充分發揮“根在脚，發於腿，主宰於腰，形於手指”的技法作用。在蓄力待發時要先屈臂回收，含胸、收腹，出錘時要迅速抖腰，通過脚踏、腿蹬和雙手的運用把力傳送到錘的最前端，使之出錘迅猛力大，其力雖源於腰却全賴於兩手的運用。故練好兩手的手錘技法的靈活性和準確性是至關重要的。這就要求在練習過程中一定要做到手法準確、兩手配合默契，動作靈活迅速有力，前手要快而準，後手要隨而發。勢隨身變，錘應心手，意到錘發，迅猛有力。

雙流星錘的基本錘法及繞錘的作用

雙流星錘的基本錘法

（一）身前正繞錘

兩脚并攏，身體直立，目視前方。左手正握一錘索的根部，位於左胯前；右手反握兩錘的中部，位於右肩前，運動時右臂帶手，手帶錘在身體前順時針成圓周繞動稱身前正繞錘（圖 3－7 虛綫）。

注：圖中綫條是表示手、脚、錘的運動路綫。書中凡無特別注明的，虛綫表示左手、左脚的運動路綫，實綫表示右手、右脚的運動路綫；錘的運動路綫則用加點的虛綫表示。

要領：

繞錘時一定要貼近身，上貼近頭，下貼近腿，眼睛看錘，錘繞動劃成的立圓所在的平面與身面平行，與地面垂直。

（二）身前反繞錘

動作要領、要求同身前正繞錘，只是繞錘的運動方向相反，即按逆時針方向繞動（圖 3－7 實綫）。

注：圖爲右手身前正、反繞錘的動作相同，左右相反。

（三）身後正繞錘

兩脚左、右開立，與肩同寬，身體直立，目視前方；左手正握一錘索的根部，位於左胯前；右手反握兩錘索的中部，位於後腰，手背貼身；錘運動時右臂帶手，手帶錘，使錘在身後順時針方向成圓周繞動（圖 3－8 實綫）。

要領：

繞錘要上貼近頭，下貼近腿，錘繞動劃成的立圖所在的平面與背面平行，與地面垂直。

注：圖爲右手身後正繞錘，左手身後正繞錘與右手身後正繞錘動作相同，左右相反。

圖3-7

圖3-8

（四）身後反繞錘

動作要領、要求同右手身後正繞錘，只是繞錘的運動方向相反，即按逆時針方向繞動（圖 3－8 虛綫）。

（五）體右側正繞錘

右高虛步站立，重心在左腿上，右脚尖點地，兩腿綳直，挺胸、抬頭，左手正握一錘的根部，位於左腹前；右手反握兩錘索的中部，位於右肩前；右手腕外展，掌心向上，臂帶腕，腕帶錘，使錘上貼近頭、下貼近腿，順時針方向在身體右側繞動；錘繞動劃成立圓所在平面與地面垂直（圖 3－9 虛綫）。

要領：

錘運動時要貼近身體繞動，且臂和腕的動作要小，着意把力傳到錘頭，使錘運動得快速有力。

注：錘在身體的左、右側正、反繞錘稱爲體側繞錘。包括：身體

左、右側正、反繞錘及與身體交叉左、右側正、反繞錘。

（六）體右側反繞錘

動作要領、要求同體右側正繞錘，只是運動方向相反，即按逆時針方向運動（圖 3－9 實綫）。

圖3-10

圖3-9

（七）體左側正繞錘

左高虛步站立，重心在右腿上，左脚尖點地，兩腿綳直，挺胸、抬頭，右手正握一錘索根部，位於右胯前；左手反握兩錘索的中部，位於左肩前，左手腕外展，掌心向上，臂帶腕，腕帶錘，使錘上貼近頭，下貼近腿，順時針方向在身體左側繞動，錘繞動劃成立圓所在平面與地面垂直（圖 3－10 虛綫）。

（八）體左側反繞錘

動作要領、要求同體左側正繞錘，只是運動方向相反，即按逆時針方向運動（圖 3－10 實綫）。

（九）體交叉左側正繞錘

左高虛步站立，重心在右腿上，左脚尖點地，兩腿綳直，挺胸、抬頭，左手正握一錘索根部，位於左腹前；右手反握兩錘索的中部，錘繞動時上體向左轉 45 度，使右手位於左肩前方，掌心向後與臉相對，臂帶腕、腕帶錘，使錘上貼近頭，下貼近腿，順時針方向在身體左側繞動，錘繞動劃成立圓所在平面與地面垂直（圖 3－11 虛綫）。

圖3-11

圖3-12

要領：

錘運動時要貼近身體左側，手的動作要小，錘運動的速度要快而有力。

（十）體交叉左側反繞錘

動作要領同體交叉左側正繞錘，只方向相反，即按逆時針方向繞動（圖 3－11 實綫）。

（十一）體交叉右側正繞錘

右高虛步站立，重心在左腿，右脚尖點地，兩腿綳直，挺胸、抬頭，右手正握一錘索根部，位於右胯前；左手反握兩錘索的中部，錘繞動時向右轉體 45 度，使左手位於右肩前方，掌心向後與臉相對，臂帶腕、腕带錘，體右側，使錘上貼近頭，下貼近腿，順時針方向在身體右側繞動，錘繞動劃成立圓所在平面與地面垂直（圖 3－12）。

要領：

錘繞動時的動作要小，錘運動要快而有力。

（十二）體交叉右側反繞錘

動作要領、要求與體交叉右側正繞錘相同，唯方向相反，即按逆時針方向運動（圖 3－12）。

（十三）正上雲錘

左高虛步站立，重心在右腿上，挺胸、抬頭、左脚尖點地，兩腿繃直，左手正握一錘索根部，位於胸前；右手反握兩錘索的中部，右手上舉至頭上，臂帶腕、腕帶錘，使錘在頭上順時針與地面平行繞轉（圖 3－13 實綫）。

要領：

錘一定要在頭上平繞，不要使錘頭下垂。

（十四）反上雲錘

動作要領、要求與正上雲錘相同，只是錘繞動時方向相反，即按逆時針方向平繞（圖 3－13 虛綫）。

（十五）撩打錘

左手正握一錘的根部，右手正握兩錘索中部，右錘由體右側正繞接向前撩打，錘打出後左手跟上，右手掌心向前下方；左手掌心向右斜下方，右手中指、無名指、小指依次放鬆，攏於錘索，掌根向下，鬆手撩打；同時右脚向前跨一大步成右弓步，以助出錘之力（圖 3－14、圖 3－15、圖 3－16）。

要領：

出錘要快、猛，左手緊隨，力貫錘端。

注：圖爲右撩打錘，左撩打錘與右撩打錘動作相同，左右相反。

（十六）抓握打錘

左手正握一錘索根部，右手反握兩錘索中部，由體右側正繞錘接向前抓打錘，錘打出之後，兩手掌面成斜面，十指抓緊錘索（圖 3－17、圖 3－18）。

要領：

出錘要快、猛、平，力貫前端。

注：圖爲右手抓握打錘，左手抓握打錘只是方向相反，動作相同。

圖3-13

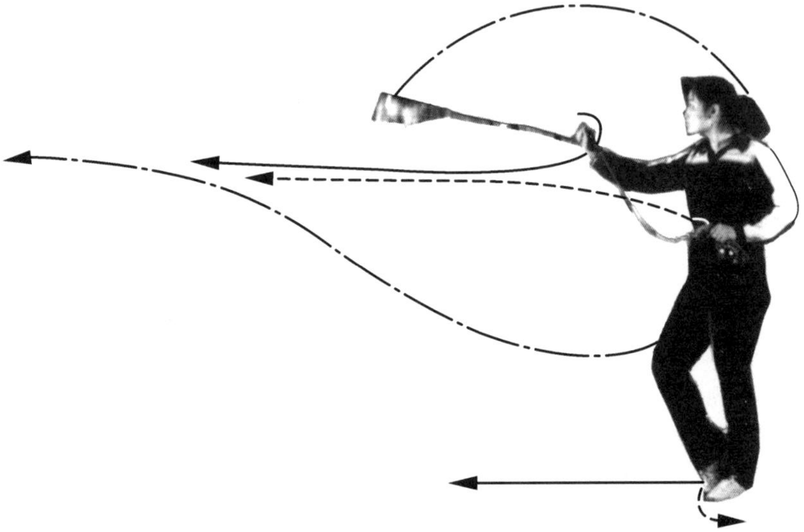

圖3-14

圖3-15

圖3-16

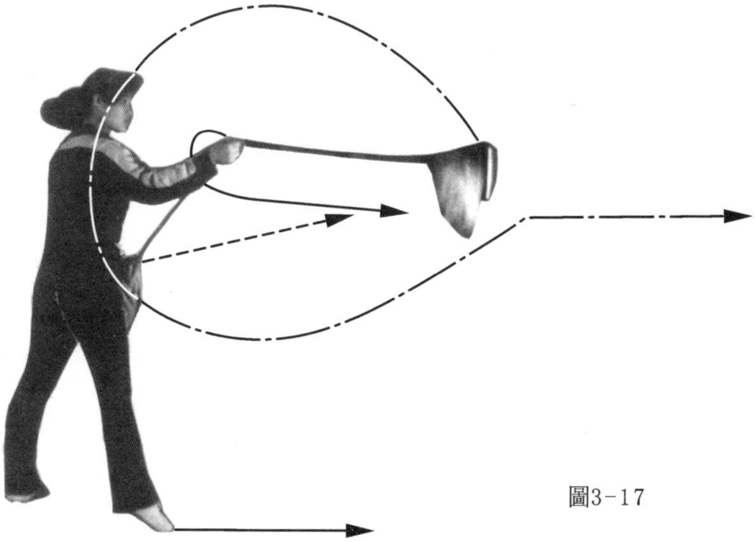

圖3-17

圖3-18

圖3-19

圖3-20

（十七）拉錘

前錘打出後，後手貼身體將錘拉回，有直拉、斜拉之分（圖 3－19）。

注：圖爲左手爲後手，圖 3－19 爲直拉。如後手向下或向上拉，稱爲上、下斜拉（圖 3－20 爲上斜拉，圖 3－21 爲下斜拉）。無論怎麼拉都要使錘索拉直，而且要拉得快，一拉到位。

（十八）扔錘

右手抓住一錘體，左手正握或反握另一錘索的根部，瞄準目標借腰力將右手錘屈臂扔出，錘扔出的同時左手速前抖，使錘打的遠而有力，錘扔到位後立即上右脚，右手速上前從錘索下架住錘索（圖 3－22、圖 3－23、圖 3－24）。

要領：

扔錘時動作要快、準而有力，使錘打到最遠端，扔錘的擊法是，當錘扔到最遠時，使錘頭和錘索有向前及向下的打擊力。

注：圖爲右手扔錘，左手扔錘與右手扔錘動作相同，左右相反。

圖3-21

圖3-22

圖3-23

圖3-24

（十九）貫打錘

左手正握一錘根部置於左胸前，右手正握兩錘索中部，位於右胸前方錘由體右側反平繞（圖 3－25）；當錘繞到身體右側時，速上右脚成右弓步，錘變爲用橫勁貫打；錘打出後，左手前送至右手虛口成抓握（左手一定要到位），拳心向下，右手拳面成斜面，小虎口向前，拳心向下（圖 3－26、圖 3－27）。

圖3-25

圖3-26

圖3-27

要領：

錘打出後力達錘體的内側面。

注：圖爲右貫打錘；左貫打錘與右貫打錘動作相同，左右相反。

（二十）撒手錘

掛肘轉身，向身後打錘，錘打出後前手撒開，貼着錘索滚到錘索的下面用手背架着錘索（圖3－28、圖3－29）錘到位後即向斜下拉錘。

要領：

撒手要靈活，讓人看不出撒手；撒開的手要緊貼錘索滚下，變成用手背架着錘索以保持出錘的方向和力量，力到即回拉。

注：圖爲右撒手錘，左撒手錘與右撒手錘動作相同，方向相反。

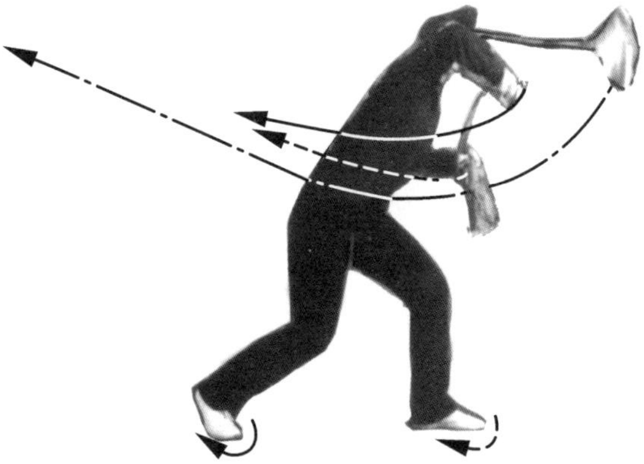
圖3-28

圖3-29

“繞錘”的作用

“繞錘”是流星錘中的主要技術，也是最基本的錘法。基本上每一個錘法都要通過“繞錘”的技術動作才能完成它所要完成的錘法，因此“繞錘”是一個很重要的技法。通過“繞錘”才能發揮擊、點、勾等錘法的作用，“繞錘”是起着承上啓下的作用，不僅很多流星錘的動作是由“繞錘”來連接的，而且在“繞錘”的過程中也是儲備力量和突然變化錘法的過程，雖然“繞錘”的進攻意義不大，但没有“繞錘”也就没有進攻。“繞錘”的好壞直接影響錘勁的發揮，所以説“繞錘”是最基本的也是最常用的、最重要的技法。只要錘一動就得通過“繞錘”來實現它的作用。所以，練好“繞錘”是練好流星錘最根本最重要的一個環節。

既然“繞錘”在流星錘中起着這般重要的作用，那麽在練習“繞錘”技術時就要嚴格、緊密，使“繞錘”完整、到位；在練習“繞錘”時一定要達到綫立且直，面平貼身，迅猛利落，自然流暢。只有這樣才能給下一個動作做好準備，打好基礎，使上下動作的連接達到完美和協，使之錘出手力即發至錘端。要錘借身力，身發錘威，當力達最前端的同時錘索則勁直如棍。如果“繞錘”没能練得直、立、快、準的地步，則發錘時就不可能做到力達錘端，錘索如棍，那麽發錘也就失去了進攻的威力，也就談不到在技法上達到完美的境地了。

“雲錘”也屬於“繞錘”之類。它的作用與“繞錘”相同，同樣起着承上啓下的技術作用，但它是爲横、勾、掃和大臂横掃錘創造技術前提。當然也必須做到“錘借身力，身發錘威”的技法要求。

四　流星錘的步型、步法

流星錘步型、步法的要求和特點

步法的要求：流星錘的動作是步隨身換，而錘則隨身而發，故流星錘的步法是變化錘法的前提，因之其步法必須做到變換靈活而又輕快，既穩又準。只有这样在發錘用力時才能步穩根實。無論是進還是退，或是閃、轉、點、串、滑行等等，都要步動輕巧敏捷自如，既要手脚配合，又要隨錘而變。步法是構成手脚配合，變動發錘，達到定向勁整的基礎。如果步法不正確，動作變換不靈活就要影響錘的運動和發力，甚至會誤傷自己，就違反錘法的要求了。流星錘的技法特別要求："錘動如閃電，勁發若奔雷"，如果步法的變換做不到靈活、穩巧、準確、根實，就難於發揮腿的蹬勁和腰的爆發力。練就了扎實的步法，才能自如地發揮出以上的技法，才能步隨身換，錘應身發，一錘既發勁若奔雷。所以，要練好流星錘必須先練好步法。

步法的特點：流星錘的步法是別具特點和風格的。與其他的拳術和器械不同，甚至和九節鞭、繩鏢以及單流星亦不同。因爲它是雙手運雙錘，既要利用慣性，又要兩手配合變換錘法和用法，使之在習練中一般總是處於運動狀態，因此，它的步法也是"動無定勢"，總是處於不斷變換中，也就是隨錘之動而動，只是在發力的瞬間"根定如釘"，隨錘之擊而跐。但所謂"根定如釘"也只是在出手發力時錘打到最遠端或着意點的瞬間一定點，使身、步、手、錘各個部位的意識和勁力處於驟然集中於一處的狀態。而且使各個部位的肌肉發勁力度都達到最大的限度。這就是用於攻擊的"神威所至，意氣所注，勁力齊發，閃電奔雷"的一瞬間、一定點。

雙流星錘在習練和運動時，錘既有順、逆、旋轉、單手、雙手的立圓舞花和平圓舞花，又有仰俯旋轉、横掃、側擊等等，特別還有擊法的運用，這都反映出它的變化多端和攻擊力大的實戰技法，但在完成這些動作、技法的同時，身體變換也是極其複雜的。有時動如蛇行，有時又像熊踞、虎躍，有時伸展到最大限度，有時又收縮到極限，使身體的進退、旋轉、束展、俯騰變化無窮。這些變化就構成雙流星錘步法的“步隨身換，身爲錘用，錘動勁發”變換多端的技法特點，使雙流星錘具有速度快、攻擊猛、變化多、方法妙的特殊性。

流星錘步型、步法的基本動作

（一）點步

1. 兩脚成丁步站立，右脚外擺 45 度，左脚跟對着右脚内側踝骨；身體直立，目視前方（圖 4－1）。

2. 身體重心前移，左腿擺脚向前上一步（圖 4－2）。

圖4－1

圖4－2

3. 身體向左轉 45 度，重心繼續前移，體重寄於左腿上；右腿跟進，綳脚面，脚尖點地，落於左脚脚心内側（圖 4－3）。

4. 左腿伸直；上體直立；右脚向前邁一步，綳脚面，脚尖點地；兩腿綳直，站成點步（圖 4－4）。

（二）閃步

1. 兩脚并步，身體直立；兩臂自然下垂；目視前方（圖 4－5）。

2. 兩膝微屈；重心右移，右脚蹬地，輕輕向左前方跳起；同時左腿綳脚面向左前側借跳步踏出（圖 4－6）。

圖4-3

圖4-4

圖4-5

圖4-6

3. 左脚輕輕落地，重心移到左腿上；右脚脚跟離地（圖 4－7）。

4. 重心全部落在左腿上，上體前傾；右脚離地拉至左脚內側成丁步（圖 4－8）。

要領：

閃步時身體要輕靈，移步要快，勢如閃電。

注：圖爲左閃步，右閃步與左閃步動作相同，左右相反。

圖4-7

圖4-8

（三）退步

1. 兩脚并步，身體直立；目視前方（圖 4－9）。

2. 重心後移，右腿向後撤一步，膝微屈，右脚尖先着地（圖 4－10）。

圖4-9

圖4-10

3. 重心繼續後移，體重全部寄於右腿上；左腿後拉，膝關節伸直，繃脚尖成左點步，即完成退步（圖 4－11）。

要點：腿後撤時要輕靈而快速，重心要穩；身體不要有大起伏。

注：圖爲右退步，左退步與右退步動作相同，左右相反。

圖4-11

圖4-12

（四）插步

1. 兩脚并步，身體立直，目視前方（圖 4－12）。

2. 重心左移，右腿向右側平跨一步；兩脚平行開立，略寬於肩（圖 4－13）。

3. 重心右移，左腿由右脚後側緊貼右脚跟向右插出，左脚落地後前脚掌點地（圖 4－14）。

要領：

圖4-13

圖4-14

左脚後插時，要緊貼右脚，微離地；從右踵後向右插出，要身步協調，輕靈穩實。

注：圖爲左插步，右插步與左插步動作相同，左右相反。

（五）蓋步

1. 兩脚并步，身體直立，挺胸抬頭；目視前方（圖 4－15）。

2. 重心左移，右脚貼着左腿經左脚面上向左蓋出；同時重心移至右腿上；左脚跟隨即離地，前脚掌着地（圖 4－16）。

要領：

脚到身到，變化要輕快敏捷，而又穩實。

注：圖爲左蓋步，右蓋步與左蓋步動作相同，左右相反。

圖4-15

圖4-16

（六）擺扣步

1. 由左點步開始，重心落在右腿上；左脚尖點地（圖 4－17）。

2. 左脚向前上一步，脚尖向外擺落實。同時重心前移到左腿上；右脚以前脚掌爲軸，逆時針轉 45 度成左擺步（圖 4－18）。

3. 重心繼續前移，右腿貼左腿向前扣進一步；兩膝微屈，重心在兩腿中間，成右扣步（圖 4－19）。

要領：

步隨身動，變换手穩，擺扣動作要做到乾净、利落、快速敏捷。

注：圖爲左擺右扣步，右擺左扣步與左擺右扣步動作相同，左右相反。

（七）交叉跳步

圖4-17

圖4-18

圖4-19

圖4-20

1. 兩脚并步，身體直立；兩臂自然下垂，兩眼平視前方（圖 4-20）。

2. 雙腿稍下蹲，重心左移；左脚蹬地起跳，右脚抬起經左腿前向左方跨出（圖 4-21）。

3. 右脚在左脚左前方落地（前脚掌先落地）；同時，左腿屈膝、繃脚面，小腿向後撩起（圖 4-22）。

4. 右脚全脚落實，左脚緊貼右腿向左落步，兩脚距同寬，兩腿微蹲成半馬步（圖 4-23）。

要領：

起跳快，落地輕，重心穩，步子干净、利落。

注：圖爲左交叉跳步，右交叉跳步與左交叉跳步動作相同，左右相反。

圖4-21

圖4-22

圖4-23

圖4-24

（八）順跳步

1．兩脚并步，身體直立，目視前方（圖 4－24）。

2．右脚蹬地，左腿向前方跨跳，左脚離地面不要過高，前脚掌先落地，然後全脚落實；身體重心也隨跳步移至左脚；右脚起跳後膝關節及脚面綳直，稍離地面（圖 4－25）。

3. 左脚落地後，左腿屈成半蹲；隨即右腿也屈膝，脚貼地面快而輕地落在左脚的内側，成并脚半蹲步，即完成左順跳步（圖 4－26）。

要領：

落地要輕、穩，起伏要小，跟進要快。

注：圖爲左順跳步，右順跳步與左順跳步動作相同，左右相反。

圖4-25

圖4-26

圖4-27

圖4-28

（九）滑步

1. 兩脚左、右開立，與肩同寬；兩膝微屈，兩脚稍内扣；上體微前傾，抬頭；目視前方（圖 4－27）。

2. 重心向右移，使左脚離開地面向左跨步；同時，右脚蹬地，脚跟稍離地，前脚掌着地向左作拖滑步（圖 4－28）。

3. 當左脚落地時，重心迅速移至左腿；同時，右脚亦向左滑到兩脚之間距一步遠處落實，成半虛、半馬步，即完成了左滑步（圖 4－29）。

要領：

蹬地脚不要離開地面，向左滑時要一次到位。

注：圖爲左滑步，右滑步與左滑步動作相同，左右相反。向左、右後側滑步的要領，要求與左、右滑步相同，只是方向是向側後方。

（十）插轉步

1. 兩脚并步，身體直立，目視前方（圖 4－30）。

圖4-29

圖4-30

2. 兩腿微屈，重心移至右腿；左脚貼右脚後向右插，脚尖着地，上體稍前傾；抬頭，目視前方（圖 4－31）。

3. 以左脚脚掌和右脚脚跟爲軸，向左轉體 180 度，重心隨轉體左移，成分腿站立，即完成左插轉步（圖 4－32）。

要領：

轉體時重心要平穩，要輕鬆自然一次轉到位。

注：圖爲左插轉步，右插轉步與左插轉步動作相同，左右相反。

圖4-31

圖4-32

五　流星锤的肘法

流星錘肘法簡說

流星錘肘法（亦稱肘錘）：是指在運動中用各種纏繞，通過肘的作用將錘打出的技法。因用肘不離錘，故亦稱肘錘。它是流星錘的技法中最常用的，也是軟兵器動作、力向變化最易掌握和運用的技法之一。前輩流星錘肘法錘譜批露如後：

不用肩手也慾兇，非長非短顯威風。

屈曲肘欲掛先疊緊，輕柔迅猛使功成。

先束後展方得力，長身揚肘力乃宏。

蹬脚抖腰身先展，動小勁大建奇功。

流星錘肘法基本動作

（一）體右側反掛右肘回身弓步衝錘（金剛亮臂）

1. 兩脚并步，身體直立，目視前方；左手正握一錘的根部，持錘於左胯前；右手反握錘索中部，位於右胸前（圖 5－1）。

2. 左脚向前上半步，身體下蹲，重心在左脚，上體前傾；右脚隨之跟進到左脚內側成右丁步；左手持錘隨掛錘動作稍前送；右手持錘在身體右側反繞錘，當錘繞到體後與地面平行時，右臂抬起屈肘；肘高平肩，使錘由下向上掛在右大臂上方；目視右錘（圖 5－2）。

圖5-1

圖5-2

3. 右錘繼續由上向前繞行，同時重心稍後移，右脚向後撤一大步，前脚掌着地，左手持錘稍上提，借慣性使錘在右臂肘（肘要折緊）上繞掛一週；目視右錘（圖 5－3）。

4. 以左脚前脚掌爲軸，向右轉體 135 度，左脚跟落地，右脚隨即向前墊進半步成右弓步；右錘在右肘上隨轉體回身之勁，抖肘向前平擰打出；左手緊隨發力前送（圖 5－4）。

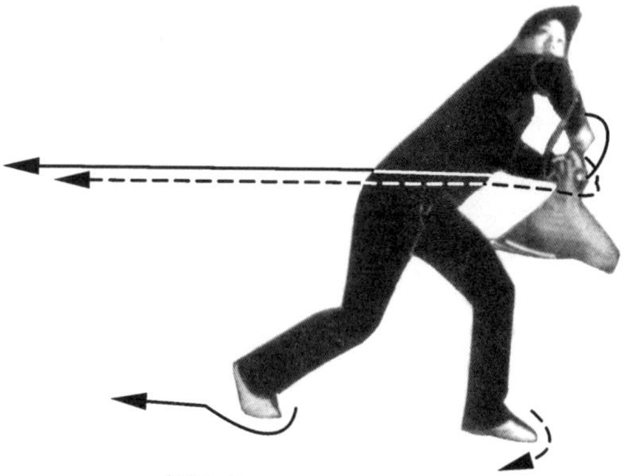

圖5－3

圖5－4

（二）身前正掛左肘平抖錘（鳳凰展翅）

1. 兩脚并步，身體自立；左手正握一錘根部，置於左腰側；右手反握錘索中間，位於右胸前；目視前方（圖 5－5）。

2. 身體向右轉 45 度；同時，右脚向右跨一步，重心移至右脚，左脚尖點地成左高虚步；錘在體右反繞、左手持錘提到左胸前；左脚繃脚面隨向右滑步，帶到右脚内側成左丁步；右手帶錘隨轉身屈肘於胸前，并帶錘繼續掄繞使錘掛到左大臂上；目視右錘（圖 5－6、圖 5－7、圖 5－8）。

圖5-5

圖5-6

圖5-7

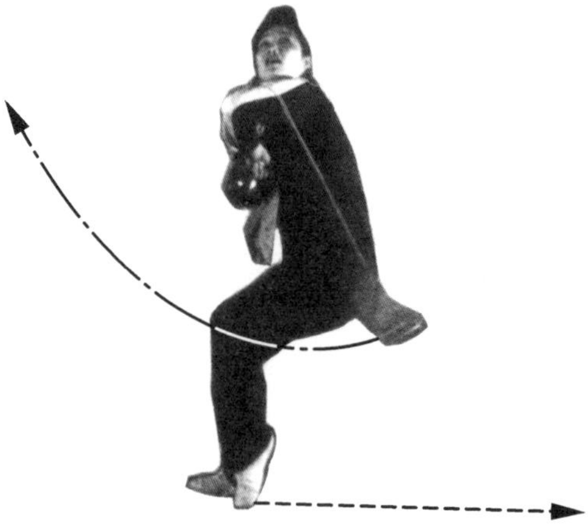

圖5-8

3. 身體繼續向右擰轉，重心稍移向左腿；同時，左腿向左跨一大步，以前脚掌點地；左肘隨身體的轉動向右上帶，使錘在左大臂上方、小臂下側反掛一周；目視右錘（圖 5－9）。

4. 重心後移，以左脚掌爲軸向左轉體 90 度帶動右脚亦隨之稍左轉，并向左帶進半步，轉身同時向前轉胯、抖腰、抖左臂，將錘抖平、抖直，并向左前打出；右手掌心向下，手臂貼近左大臂；目視打出之錘（圖 5－10）。

要領：

掛肘要纏準、纏實；抖肘、抖錘時借蹬脚用爆發力，突然抖腰、抖肘將錘抖出。

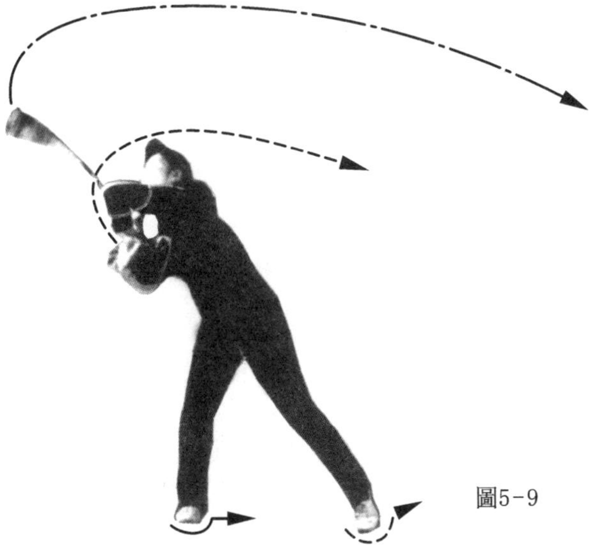

圖5-9

圖5-10

（三）體左側反掛左肘回身弓步衝錘：（青龍出水）

1. 兩脚并步，身體直立，目視前方；右手反握一錘的根部，位於右胯前；左手正握錘索的中部，位於左胸前（圖 5－11）。

2. 右脚向前上一步，重心前移，左脚跟提起；同時，左手在身體左側正繞錘，右手錘上提到右腹前（圖 5－12）。

3. 當左錘繞第二周時，上左脚、脚尖外擺，重心隨之前移；右脚跟提起；身體左轉 45 度，回頭看錘（圖 5－13）。

4. 左錘繞到左前上方時，右脚向前隨上一步，重心前移，左脚跟提起，脚尖點地，速含胸，收左臂於胸前，使錘掛在大臂上（圖 5－14）。

圖5-11

圖5-12

圖5-13

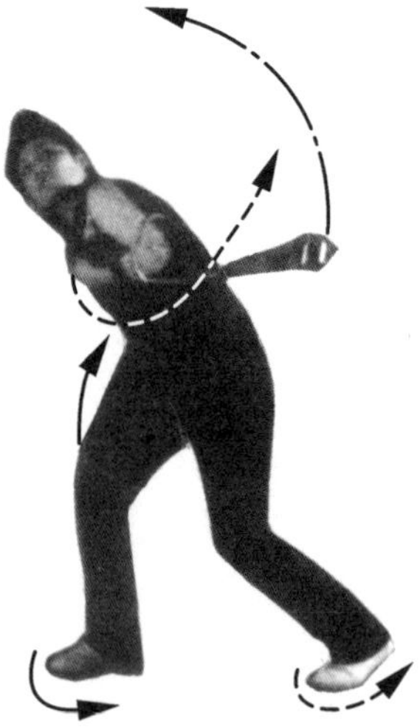
圖5-14

5．以右前脚掌爲軸，向左轉體；左脚尖點地，向左轉體使脚尖轉向左前方；同時，左臂由前貼身向下，隨轉體再向上提肘將錘帶到身體左側，右手持錘自然下帶於右胯前（圖 5－15）。

6．左錘繼續向身後繞動（左側正繞錘）；重心後移至右腿，右膝稍屈；左脚尖點地，左膝綳直；向左擰身，頭左轉，目視左錘；右手持錘稍前移（圖 5－16）。

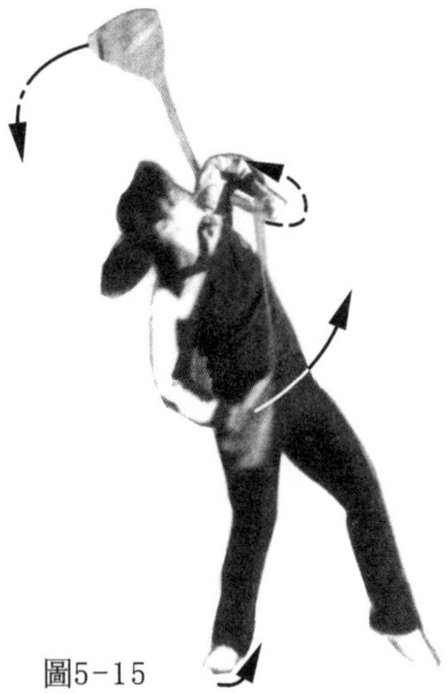

圖5-15

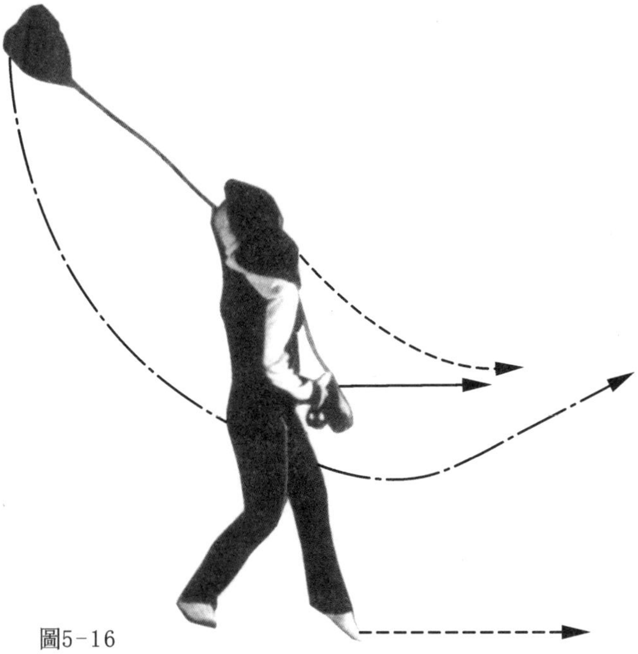

圖5-16

7. 當左錘運動到身後與地面水平時，重心迅速前移，左腿向前迅速邁出一大步，成左弓步；借擰腰抖肘之力，將錘向前水平、快速打出，成撩打錘（圖 5－17）。

要領：

身活、步穩，腰、胸、腹須隨錘做涵放；發勁、抖肘要身錘一致、出錘有力。

圖5-17

六　流星錘的腿法

流星錘腿法概説

流星錘的腿法亦稱腿錘：在運動中用腿、膝和脚的各種動作將錘擊出統稱流星錘的腿法，因腿法不離錘故亦稱爲腿錘（用脚將錘擊出，又稱爲脚錘；用膝將錘擊出亦稱爲膝錘），是流星錘技法中的主要構成部分。因軟兵器的變化是上靠腕、肘、手及臂、身，下靠腿、膝、脚，運轉、屈蓄以發勁。而流星錘是軟兵，靠腿變式、變力，其作用則更大，故在軟兵器的實戰擊法中，腿法用得好，用得自然合協，發錘則勁速力猛，且能起到出其不意，攻其不備的作用，因之練流星錘必須練好腿錘。

膝錘錘譜：

膝打幾處人不明，好似猛虎出木籠。
合身展轉不停勢，左右明撥任意行。
要用膝錘身先動，上下合一勁乃通。
折叠掛準穩中速，滚雷翻江龍卷風。

脚錘錘譜：

進步用脚兩相融，腿長勁大宜遠攻。
脚錘欲用先明法，綳點彈踹蹬最兇。
用脚發錘須脆快，目不及瞬法乃通。
上下三節合一氣，迅雷閃電起暴風。

流星錘腿法基本動作

（一）點脚錘

1. 起式，兩脚并步，身體直立；目視前方；左手正握錘的根部，置於左腰側；右手反握錘索中部，位於右胸前；目視前方（圖 6－1）。

2. 左脚向前上一小步，脚尖微外擺，同時重心前移，右手帶錘在身體右側反繞錘，左手持錘上提至左胸前（圖 6－2）。

圖6－1

圖6－2

3. 重心繼續前移，移至左腿，右腿提膝外擺，脚尖勾起亦外擺，左手收於左腰前，右手帶錘反繞至右胸前，使錘索的前部搭在右脚的前脚掌上，利用錘的慣性在右脚上纏繞一周（圖 6－3）。

4. 當錘索在前脚掌上繞一周時，利用點脚的爆發力和快速的送臂將錘用點脚點踢擊出（圖 6－4）。

要點：帶錘、點脚、送手、打錘要快而有力，錘要打得平、直且遠，要力貫錘的前端。

注：圖爲右脚點錘，左脚點錘動作與右脚點錘動作相同，左右相反。

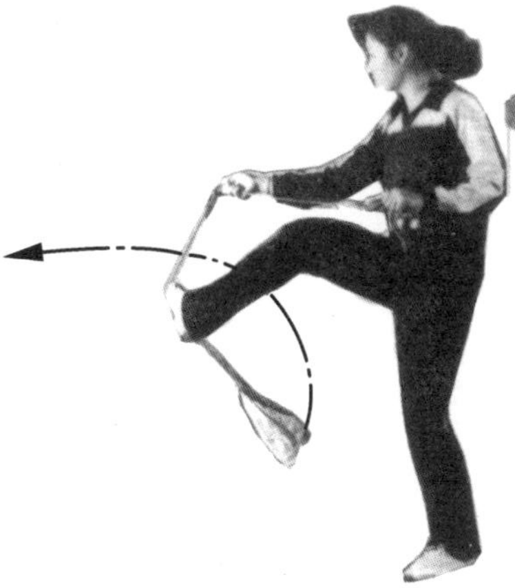
圖6-3

圖6-4

（二）彈腿錘

1. 兩脚并步，身體直立；左手正握一錘索的根部，置於左腰側；右手反握兩錘索的中部，位於右胸前；目視前方（圖 6－5）。

2. 右脚尖外擺向前上一小步，重心前移，落在右腿上；同時，右手帶錘在身體右側反繞錘；左腿裏扣提膝，向裏勾脚尖，左脚脚面向前，使錘索的右前部掛在左脚的脚面上；左手持錘下拉至左胯側（圖 6－6）。

圖6-5

圖6-6

3. 錘索掛在左脚脚面上後，利用慣性使之在左脚上繞一周（圖 6－7）。

4. 錘繞後，送右臂，彈左腿，左脚面彈直，左手亦隨即前送助力，使錘向前彈出；雙目注視前錘（圖 6－8）。

5. 錘彈出後左腿迅即收回變成提膝平衡，保持身體平穩（圖 6－9）。

要領：

彈腿要快、有力，力到即收，而且要力平錘直。

注：圖爲左彈腿；右彈腿，與左彈腿動作相同，左右相反。

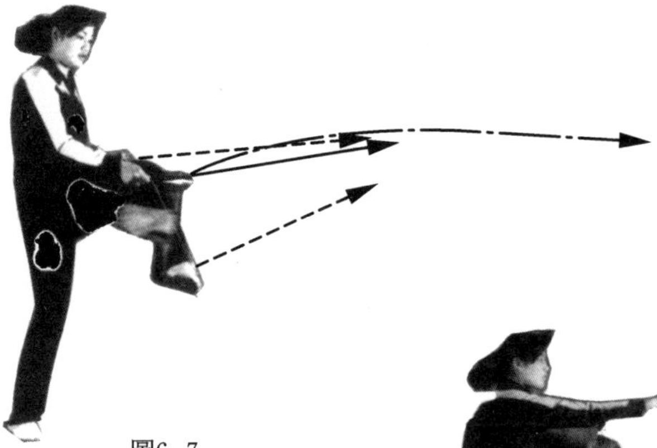

圖6－7

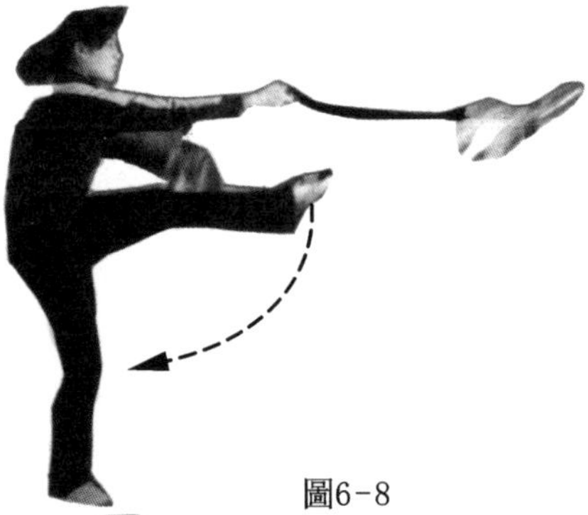

圖6－8

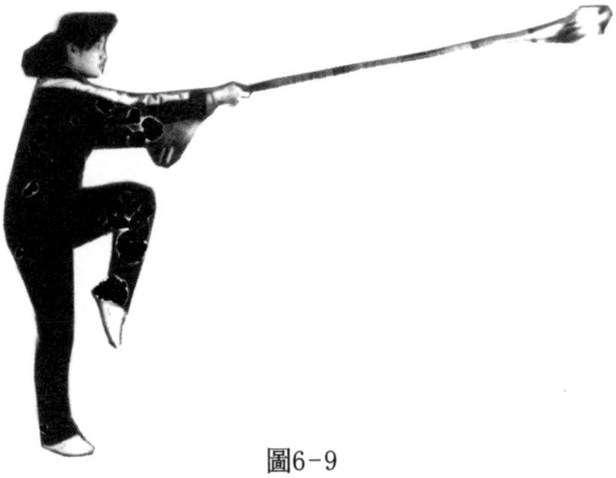

圖6－9

（三）側踹腿錘

1. 兩脚并步，身體直立，右肩向右前方；左手正握一錘索根部，置於左胯側，右手反握錘索的中部，位於右肩側；雙目注視右錘（圖 6 - 10）。

2. 左脚向右前方蓋一步，右小臂向右側後方外擺，做體後反繞錘，當錘繞至身體右側與地面平行時，隨即側屈右腿，右腿之大、小腿抬平，勾脚尖，脚底向前，使右錘索搭在右脚的脚心外側（圖 6 - 11）。

3. 當錘搭到脚上時，利用慣性使錘在右脚跟處繞一周；雙目注視前錘（圖 6 - 12）。

4. 當錘繞後，隨即展腰、舒腿側踹，將纏繞之錘通過右脚的外側踹打出去；同時，右手前送，左手也向前發力，使錘儘量平出且遠（圖 6 - 13）。

要領：

側踹的腿要迅猛而有力，錘打出既要猛又要平而遠。

注：圖爲右側踹腿錘；左側踹腿錘與右側踹腿錘動作相同，左右相反。

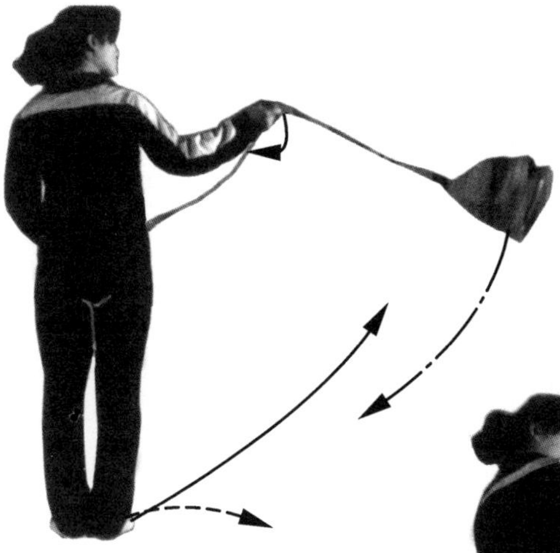

圖6-10

圖6-11

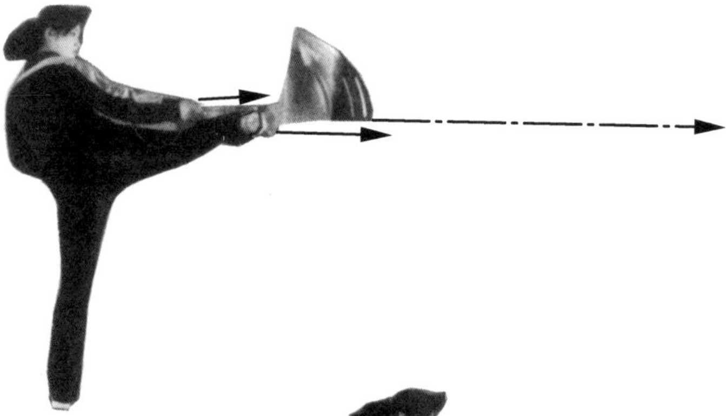

圖6-12

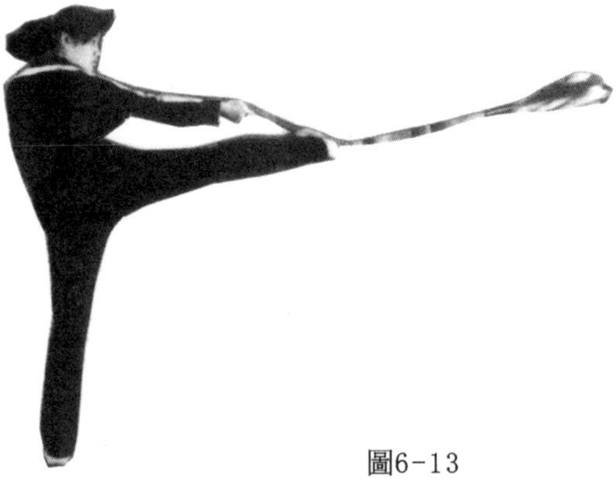

圖6-13

（四）裏合膝錘

1．兩脚并步，身體直立；左手正握住一錘索的根部，置於左腰側；右手反握錘索的中部，位於右胸前，目視前方（圖 6－14）。

2．左脚向前上半步，脚尖外擺；同時，右小臂外擺，手持錘在身體右側反繞錘，當錘繞到身體右側斜前上方時，右腿迅速屈腿抬起，胯與膝皆向右外擺，大、小腿夾緊，膝稍高於胯，脚面綳直，將錘索搭在大腿下端，目視右錘（圖 6－15）。

3．當錘索搭到右腿上時利用慣性在大腿下端、小腿上端繞一周；左腿站穩，保持平衡，兩眼看錘（圖 6－16）。

4．當錘索在腿上繞完一周時，隨即抖腰轉胯，借向裏合膝之力將錘打出；出錘時右手送出，左手發力移至右手腕部（圖 6－17）。

要領：

裏合膝要快，腰力要發得干脆，錘要打得既平又直更遠，使之力貫錘端。

注：圖爲右裏合膝錘；左裏合膝錘與右裏合膝錘动作相同，左右相反。

圖6-14

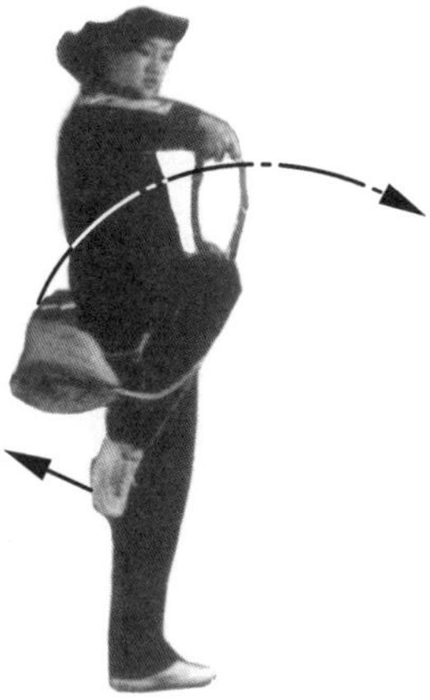
圖6-15

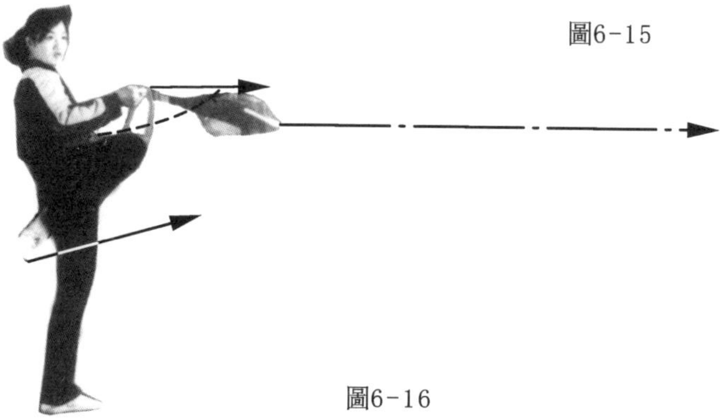
圖6-16

圖6-17

（五）外擺膝錘

1. 兩脚并步，身體直立；左手正握一錘的根部，置於左腰側；右手抓握錘索的中部，位於右胸前；目視前方（圖 6－18）。

2. 右脚尖外擺向前上半步，重心移至右腿；同時，右小臂外擺，接着下沉至右腹側，帶錘在身體右側反繞；同時，左腿裏扣挺直，綳脚面（圖 6－19）。上動不停，左腿提膝，大、小腿夾緊；上體右轉 45 度，使錘索的前端搭在左腿外側、大腿的下部、小腿的上部（圖 6－20）。

3. 錘索搭到腿後，利用慣性在大腿的下部小腿的上部繞一周（圖 6－21）。

4. 借抖腰之力，左腿迅速外擺，右脚隨抖腰稍內扣，使錘向前平又直打出；出錘時，右手前送，左手發力移至右手腕部（圖 6－22）。

要領：

錘索繞膝時必須大、小腿夾緊，擺腿時要求動整，使力遠於錘的前端；擺腿要隨錘的動作進行，但身體必須保持平衡；兩眼注視錘的運動。

注：圖爲左外擺膝錘；右外擺膝錘與左外擺膝錘動作相同，左右相反。

圖6－18

圖6－19

圖6-20

圖6-21

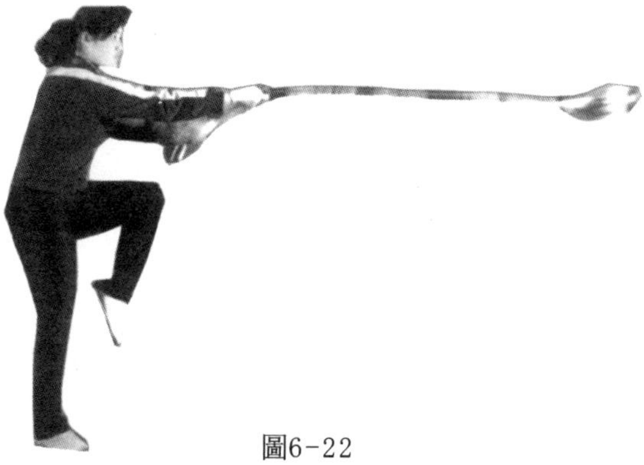

圖6-22

（六）前踢側撩腿錘

1. 兩脚并步，身體直立；左手正握一錘索根部，持錘置於左胯側；右手反握兩錘索的中部，持錘於右胸旁開始帶錘在身前反繞；兩眼注視右錘的運行（圖 6－23）。

2. 右脚尖外擺向前上半步，重心前移，左脚跟提起，用脚尖點地；右手帶錘在身前反繞；左手握錘，隨錘的繞動提拉至左腰側（圖 6－24）。

3. 當錘繞至頭上，脚尖稍高於胯；當右錘繞至左腿上方與地面水平且踢起的左脚脚尖稍高於胯時，左手持錘稍下沉，掌心向下，右手心向上（圖 6－25）。

4. 左腿繼續向上踢，使右錘在左腿的大腿下，反繞到身體右側；同時，右手撤開錘索，再於右肩前正握抓住錘索，左手持錘隨動作稍上提至左大腿的外側；目視錘的運動（圖 6－26）。

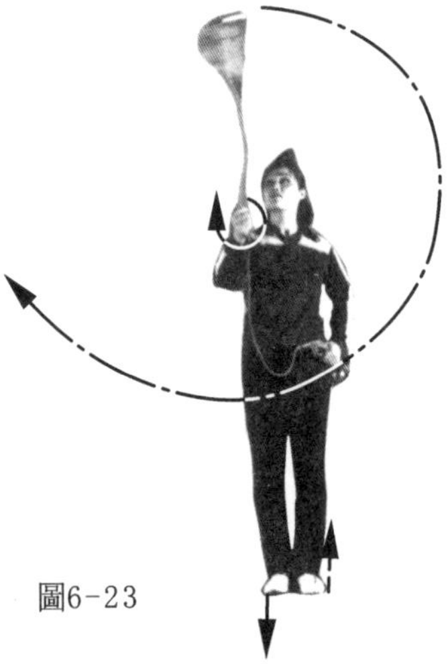

圖6-23

圖6-24

圖6-25

5. 換把後錘繼續在身前反繞，左腿向左側下落，脚尖外擺，重心移至右脚上成小弓步，錘索繞於胯下，左手持錘隨之下拉；右手帶錘隨上體左轉的同時，拉至右胸前，使右錘在身前繼續正繞（圖 6－27）。

6. 胯下拉錘後，上體向左倒至與地面平行，右錘反繞到身體左側與地面平行時，迅速側撩右腿，使膝與脚面繃直，右手迅即撒開，將右錘從右腿下平而勁疾地打出；左手執另一錘于胯后微抖送以助力；頭右轉，眼看右錘（圖 6－28）。

要領：

換手要快而準，右腿撩起時錘就要迅疾打出，錘要快出、平打，且要求力達錘端。

圖6-26

圖6-27

圖6-28

（七）平衡連錘

1. 從右高虛步站立式開始，身體直立，左手正握一錘的根部，位於左腰側；右手反握錘索的中部，屈臂於右胸前；目視前方（圖 6－29）。

2. 身體重心前移，右脚隨重心前移脚跟落地；左腿外擺脚尖向前上步，身體重心續向前移，右脚跟提起；左手持錘隨錘的繞動提到左胸前；右手在身體的右側帶錘正繞至右頭前上方，抬頭看右錘（圖 6－30）。

圖6-30

圖6-29

3. 當右手帶錘正繞到身後與地面平行時，上體後仰，左腳以前腳掌爲軸左轉 45 度，右腿前踢，腳面綳直，使右錘在右腿上與腿平行而快速打出；左手發力跟到右手腕處，成仰身平衡向前平速擊錘；身體保持平衡（圖 6－31）。

4. 右腿下落，身體立起（圖 6－32）。右脚尖外擺落地，重心移於右腿；身體右轉 45 度，左脚跟提起；左手斜上拉錘到頭左上方；右手拉錘到身體的右肩側；目視右錘（圖 6－33）。

圖6-31

圖6-32

圖6-33

5. 上體前傾，上體同時向右後轉體 45 度；左腿屈膝向後抬起；右手帶錘向後發力，平且快速打出，左手送錘扭身回頭成望月平衡；目視右錘（圖 6－34）。

6. 左腳向前邁步落地；同時，身體直立，重心前移，右腳跟提起；左手帶錘拉回到左胸前；右手帶錘在身體右側做體交叉正繞錘；

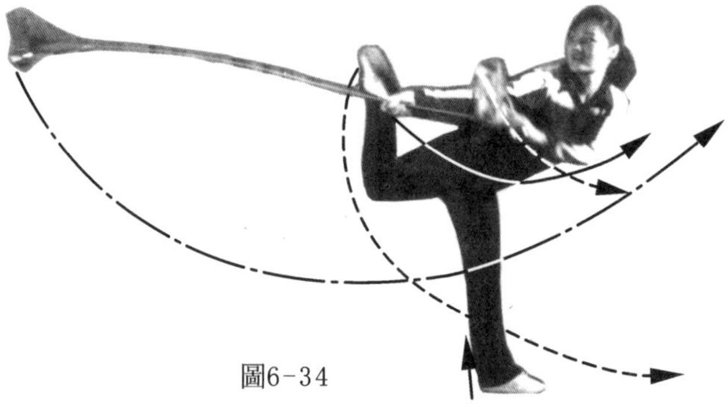

圖6-34

圖6-35

目視右錘（圖 6－35）。

7. 重心繼續前移，當錘繞至下方與地面垂直時，速上右脚提左膝；右錘向前平且快速打出；身體稍前傾，左手發力到右手腕内側；身體保持平衡（圖 6－36）。

8. 左脚向前邁一大步落地，身體重心前移；左手帶錘拉回到腰左側；右脚跟提起，脚尖點地；右手帶錘做體右側正繞錘一周；目視右錘（圖 6－37）。

9. 重心前移，右脚向前跨進一大步，脚尖外擺，重心移到右腿上；右手帶錘繼續正繞；左手帶錘上提至左胸前（圖 6－38）。左脚向前跨進一大步，隨即上體後仰，右腿綳直，脚面綳平，向前踢起，脚

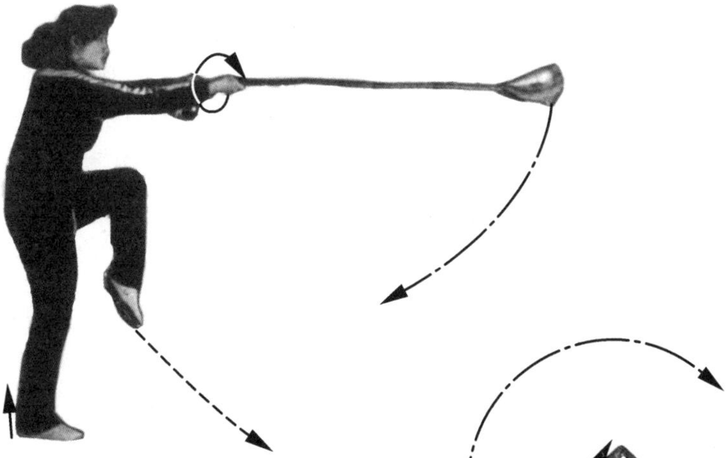

圖6-36

圖6-37

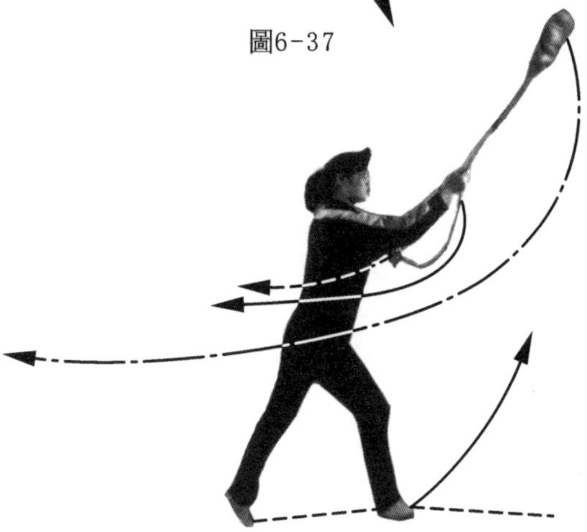

圖6-38

尖稍高於胯，右手帶錘正繞，發力迅猛出錘，左手跟上成仰身平衡；仰頭，雙目注視出錘（圖 6－39）。

10. 當錘剛剛打直，以左脚前脚掌爲輻，沿身體橫軸向左轉體

180 度；錘頭隨之旋轉，成俯身平衡（圖 6 - 40）。

要領：

做平衡動作抬脚要輕快；彈腿要準而有力；踢腿要一次到位、準而有力；立足要穩、平衡到位；錘、腿同發，打出的平錘既要平又要迅猛有力。切記在變幻平衡動作時，錘之勁力亦隨之變化，既向前，又旋轉；錘索不得鬆勁，也不能變緩。

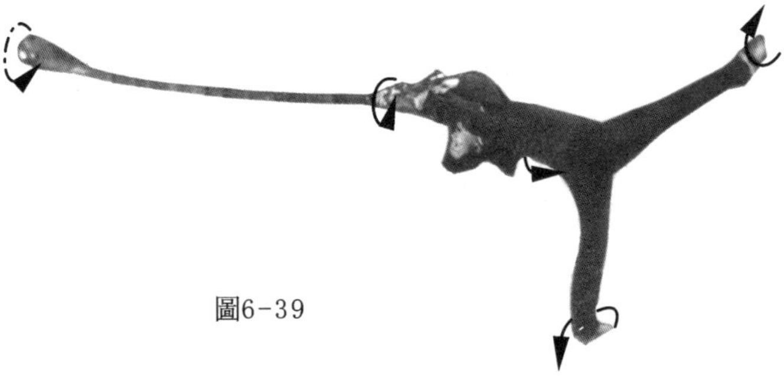

圖6-39

圖6-40

七　流星錘的組合錘

流星錘組合錘概説

把多種動作和不同的錘法、肘法、腿法、脚法等連接起來組合成的一組動作稱爲組合錘。

武術運動，無論拳械，都講究手、眼、身、步的協調一致。流星錘靠肘、手、腿、膝、胯的配合出錘，實戰中巧攻巧打，就更講究配合的協調性和靈活性。將流星錘各單練技法有機地分類組合起來，構成一種近似實戰的短小訓練，主要也就在於提高其協調性，以利於在實戰中能適應各種各樣的變化。

在組合錘的訓練中，主要要掌握好單勢與單勢間銜接轉换的技法，使兩個單勢銜接順暢，還要注意到各單勢在組合錘訓練中質量的高低、節奏的快慢，并儘量地體現流星錘的風格，表達武術意識。

通過組合錘的訓練，將一些最實用、最具威力的傳統流星錘技法習練純熟，以至達到條件反射般的境界，那麽在實戰中，就不論是攻擊還是防守，都能出手皆法，應付自如。

流星錘組合錘動作

(一) 搭背旋腰轉體錘(蘇秦背劍)

1. 兩脚并步、身體直立;左手正握一錘的根部,置於左胯前;右手反握兩錘索中間,屈於右胸前;目視前方(圖 7－1)。

2. 右手帶錘在身體右側反繞錘;當錘在身體右側繞一周時,速上右脚,左脚跟提起,脚尖點地,左手帶錘上提至左胸前(圖 7－2)。

3. 當錘繞至前下方與地面垂直時,左脚速上半步,以前脚掌點地;同時向前屈體,左手持錘稍向前下帶,肘關節屈回;右臂反臂、反腕,肘關節屈回,腕關節内扣,使右手背搭在右肋側,使錘索由右腋下斜搭於背上和左肩上;抬頭,目視錘(圖 7－3)。

4. 重心前移,左脚跟落地,重心落到兩腿中間;上體帶錘由左向下、向右、向上擺;向右轉頭看錘(圖 7－4)。

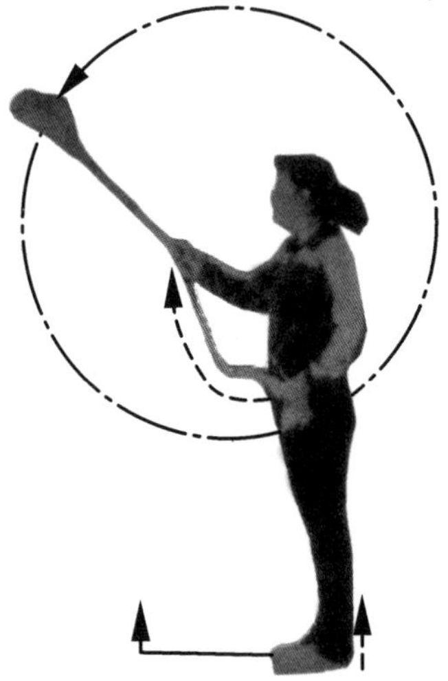

圖7-1

圖7-2

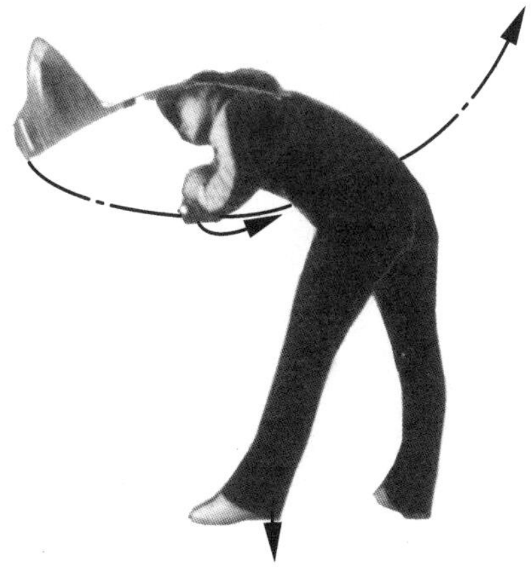

圖7-3

圖7-4

5. 上體以腰爲軸，繼續從右向後旋擺，使錘利用慣性在身前由右向上、向左掄擺；當錘經身前時上體仰起，抬頭向上看錘(圖 7－5)。

6. 以左脚跟、右脚尖爲軸向左後轉體成右後插步；借旋腰之力使上體帶錘繼續掄擺；上體亦由後仰變爲前俯，使錘擺成立圓，立圓所在的平面與地面垂直；眼看錘（圖 7－6）。

圖7-5

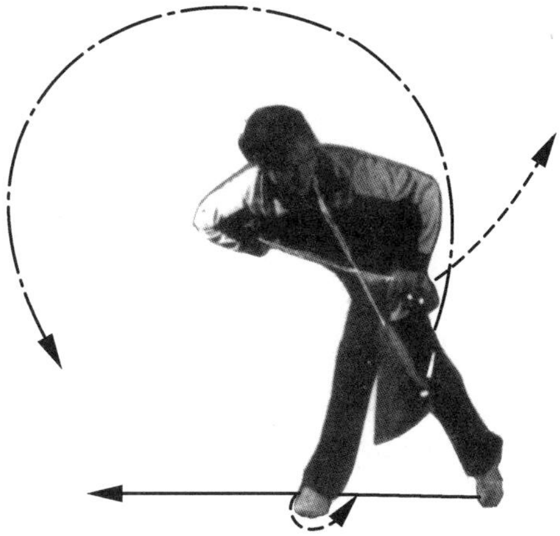

圖7-6

7. 右脚向身體右側跨一步，兩腿微屈重心稍偏於右腿上；右臂反腕借旋、擺腰之力前帶，屈於右肩前下；右錘離開身體向右掄擺；

左手配合拉左錘至左胸前與肩平；兩腿成半虛、半馬步（圖 7－7）。

8. 上體挺起，兩腿仍微屈；右手帶錘在身體右側正繞一周，右手反腕先移至右肩下，再轉腕變爲手心向上，移至右肩前，高與肩平；左臂下夾，左手帶錘下拉至身體的左側；回頭看錘（圖 7－8）。

圖7-7

圖7-8

9. 右錘繼續在身體右側正繞；同時，左腿向前上步成左弓步；右手隨即發力送錘，將錘平疾打出，左手跟到右手腕内側以助力（圖 7－9）。

要領：

搭背要準，旋腰要活而有力，并使錘在體前保持掄立圓，且能加速；翻身轉體時要使錘的速度不減，并保持在體右側掄立圓，以便上步出錘；出錘時，要做到步落力發，打得平且迅猛剛實。

圖7-9

圖7-10

（二）掛背翻身後撩前衝錘（滾球探爪）

1. 兩脚成左高虛步站立，重心放在右腿上；左手正握一錘根部，持錘於左腹前；右手反握錘索的中部，屈肘置於身體前右側，高與肩平；目視前方（圖 7－10）。

2. 右錘在身體右側正掛，錘掛到前上方時右臂前送；同時，左腿脚尖外擺，向前墊一小步；同時，重心前移，向左轉體 45 度，右脚跟提起；左手帶錘稍後拉；目視右錘（圖 7－11）。

3. 右脚向右上步，脚裏扣，以左脚爲軸，向左轉體 90 度回身；同時，右錘變成身體右側正繞；左手帶錘收至左腰側（圖 7－12）。

圖7-11

圖7-12

4. 繼續繞錘，當繞到身體右側時，左脚向右插步，重心稍偏於右腿；左手持錘拉到左胸前；右手帶錘仍正繞於身體右側（圖 7－13）。

5. 以兩脚前脚掌爲軸；背掛錘向左翻轉身 180 度；左手隨翻轉身帶錘至頭左側；右手帶錘至右肩上；重心落在兩脚中間（圖 7－14、圖 7－15）。

圖7－13

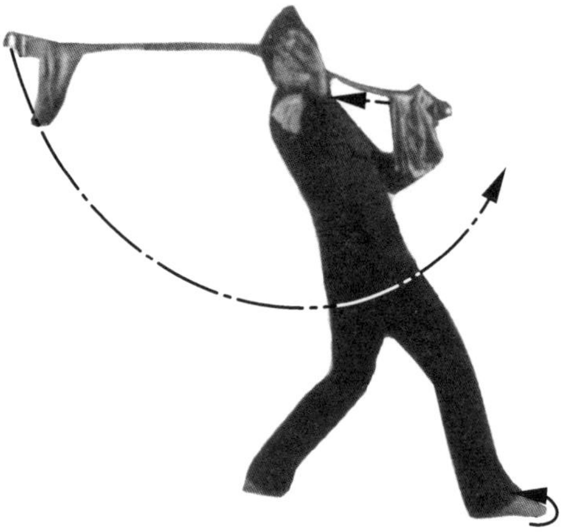

圖7－14

6. 上動不停，繼續帶錘左轉，左脚尖外擺，重心移向左腿，身體左轉，目視左側；右手帶錘上揚，左手持錘回拉至下顎前，準備翻身（圖 7－16）。

圖7－15

圖7－16

7. 重心隨之前移，以左脚跟爲軸，右脚上步裏扣，身體向左翻轉 180 度；同時，右手帶錘由頭上借翻身之力擺至頭右側，繼續帶錘正繞，左手稍左拉至左肩前；回頭看右錘（圖 7－17）。

8. 以右脚尖爲軸，向左轉體，左腿後撤一步，脚面繃直，變成左點步；右手帶錘由身體右側經身前正繞，擰轉身向右斜上方打出；左手送錘發力至右手腕内側；上體向右前上方探身使錘發力到最遠端；抬頭看右錘（圖 7－18）。

圖7-17

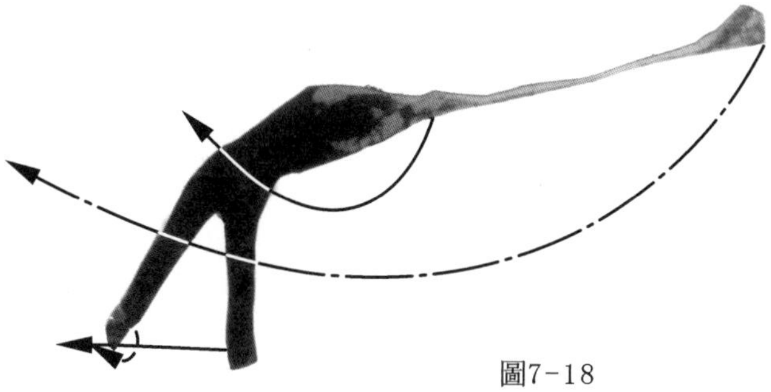

圖7-18

9. 以左脚前脚掌爲軸向右轉，重心移到左腿上；右脚向左上半步收到左脚内側，向右轉體 180 度，成右高丁步；同時，左手將錘斜拉至身體的左側，高過肩；右手拉錘至身體的右側高與腰平；低頭，目視右錘（圖 7－19）。

10. 蹬左脚，重心向右前移，上體繼續右轉，右脚隨轉身向右前邁出一大步成右弓步；右錘經身前斜拉，在身體左側交叉反繞一周，隨即向右前方平直、迅猛打出（圖 7－20）。

要領：

扣步、掛背、翻身要身步自然協調，使錘在背後、身前繞行時，錘保持繞立圓，且不減速；翻身後的上撩錘，出錘要有力，不可過高；轉體後打出的前平衡錘要平而有力。

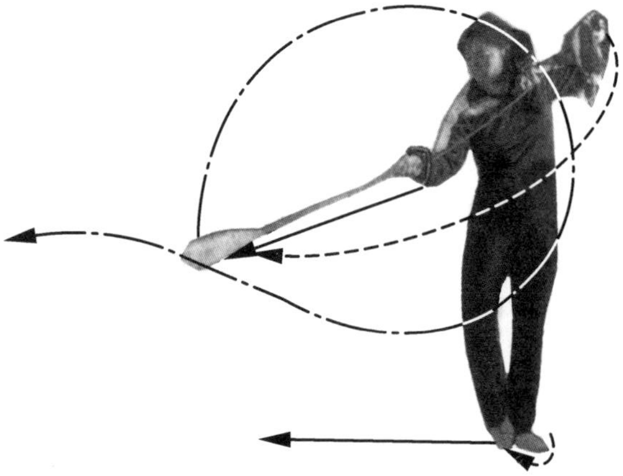

圖7-19

圖7-20

（三）搭背掛肘回身擰打錘（掛背掏心）

1. 兩脚前後站立，右脚在前、左脚在後，左脚尖外擺 45 度，脚尖點地；右脚踏實，重心在右腿上；左手正握一錘的根部，位於左胸前；右手反握錘索的中部，位於右胸體前；身體直立，目視前方（圖 7－21）。

2. 左脚尖稍外擺，向前上步；同時，重心前移到左腿上；上步的同時左手隨右錘的繞動提到左胸前；右手帶錘反繞至身體的右前方；同時，身體向左轉 45 度，兩眼看錘（圖 7－22）。

圖7-21

圖7-22

3. 右脚向身體左側蓋一步踏實，左脚跟提起；左手帶錘由左胸前向上繞半弧移至右胸前，左小臂於胸前平屈；右手帶錘由身體右側反繞帶錘到身體左側，經下向左後拉繞到左腋窩下；目視前方（圖 7－23）。

4. 上動不停，左脚向左後滑跨一步，右脚隨向右後滑動；同時，左臂從左側向身後屈送，左手移至左肩前；右手掌心向下，帶錘借慣性向後、向右平繞，待錘繞向背後，即將右手撒開，由左腋下移到右肩外，掌心向下，大、小臂抬平，屈肘按錘使錘索搭在右肩和小臂上；目視右錘（圖 7－24）。

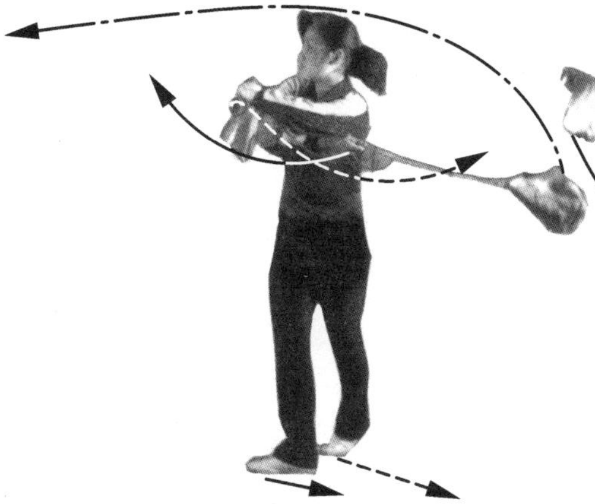

圖7-23

圖7-24

5. 胯稍向右前挺，使錘借慣性順時針在右肘上正掛，繞一周；(掛在右肘錘索要纏緊）左手帶左錘向後平拉，同時，兩脚向左後方滑步；目視右錘（圖 7－25）。

6. 上動不停，用擰身、抖腰、抖肘之力將錘由右肘、右腋下向左側身後平胸抖出；左手屈肘收於右胸前（圖 7－26）。

圖7-25

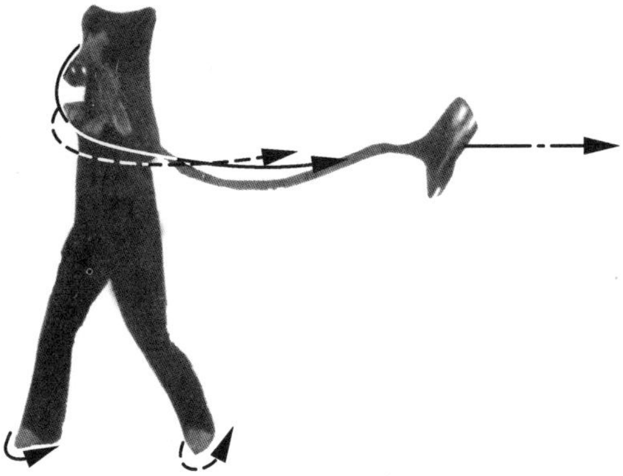

圖7-26

7. 上動不停，迅以兩脚掌爲軸，向左轉體 45 度成左半弓步；同時，左手借轉體、旋臂之力，向左前旋肘將錘打出，使錘在旋轉中向左前方迅猛疾出；目視打出之錘（圖 7－27）。

要領：

完成上一動作時，要肘助錘旋，錘借身臂之力而發，要動中穩、穩中準、準而疾地爆發身力而擊錘；右手應緊貼左手腕準備接下一動作；要眼隨錘走。

（四）前反搭右肘、背撩反衝上雲前勾錘（滾龍出水）

1. 兩脚前後開立，重心在左脚，左脚在前，全脚落實；右脚在後，以脚尖點地；左手正握一錘根部，持錘置於左腰前側；右手反握錘索的前三分之一處屈於右胸前方，帶錘在身體右側正繞；目視右錘（圖 7－28）。

2. 右手帶錘在身體右側正繞一周半時，右脚速向前上步，重心迅速前移到右腿；右肘在頭右側抬平，便於使錘掛在右臂上，左手帶錘稍上送，胯微前送；以前脚掌爲軸微向左轉；目視右錘（圖 7－29）。

3. 錘掛在右臂上後，借抖腰之力，右臂外旋，左臂内旋，使右錘從右經下正繞向前上方打出；上體稍後仰，胯前頂，兩腿微彎；目視右錘（圖 7－30、圖 7－31、圖 7－32）。

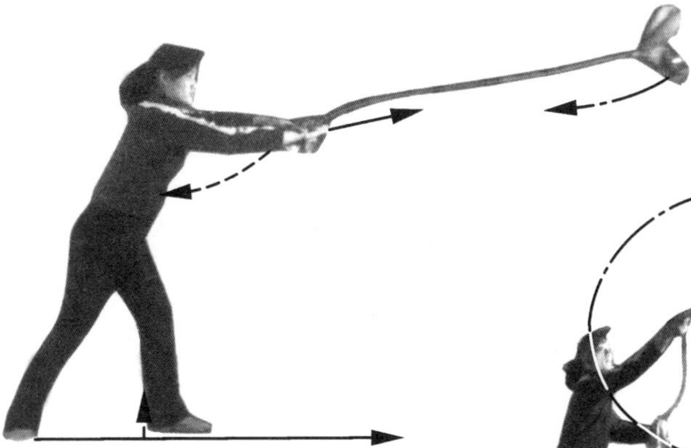
圖7-27

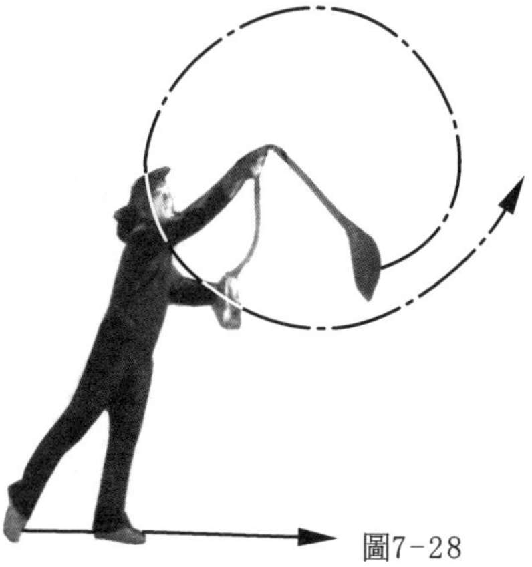
圖7-28

圖7-29

圖7-30

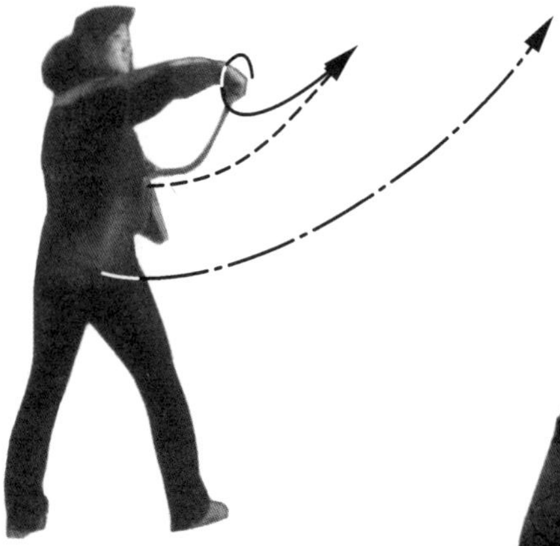

圖7-31

圖7-32

圖7-33

4. 上動不停，以左脚前脚掌和右脚脚跟爲軸向右轉體 180 度；同時，提右脚，隨轉體貼左脚内踝骨向右前方邁出一步成右弓步；左手向左前上方拉錘，使錘隨轉體經下向右前方平且快速打出到最遠端；目視右錘（圖 7－33）。

5. 以左脚跟和右脚掌爲軸，向左轉體 180 度，將重心移到左脚上；右脚向左拉近半步，脚跟提起；左手拉錘至左胸側；右手由體側經面前向上帶錘，使右錘在頭上正繞；抬頭視右錘（圖 7－34）。

6. 左膝稍屈，右脚提起，脚面綳直，扣于左膝窩；微向後仰身抬頭，左手帶錘稍前下拉，使右手帶錘在頭上正繞一平圓；抬頭看右錘（圖 7－35）。

7. 重心前移，右脚向前進一步成右弓步；右手帶錘由頭上向體右側繞一弧綫，借左手跟至右腕前送錘索之勁形成向左打的左勾錘；目視右錘（圖 7－36）。

要領：

從 1 到 7 是兩種錘法的組合動作，演練中要使這兩種錘法的動作連貫；要借錘勢變化，變換步法，做到運步輕快、自然；要腰動臂隨，意到錘到；無論是掛肘還是轉體旋臂都要求錘打得平而有力；頭上平繞錘接變側前勾錘時，要做到順勢而勁準。

圖7-34

圖7-35

圖7-36

（五）繞腿穿襠擲捶（撩陰錘）

1. 兩脚并步，身體直立；右手正握一錘的根部，置於右胯的側前方，左手反握錘索的中部，位於左胸前；目視前方（圖 7－37）。

2. 右脚向前上步，身體重心前移至右腿上，左脚跟提起；左手帶左錘在身體的左側反繞錘（圖 7－38）。

3. 左脚向左側橫跨一步速成馬步；同時，左手帶左錘在身體左側反繞一周，即向前平打出，右手發力跟到左手腕內側；目視前方（圖 7－39）。

4. 右手將右錘斜下拉回，持錘於右胯後；馬步保持不變（圖 7－40）。

圖7-37

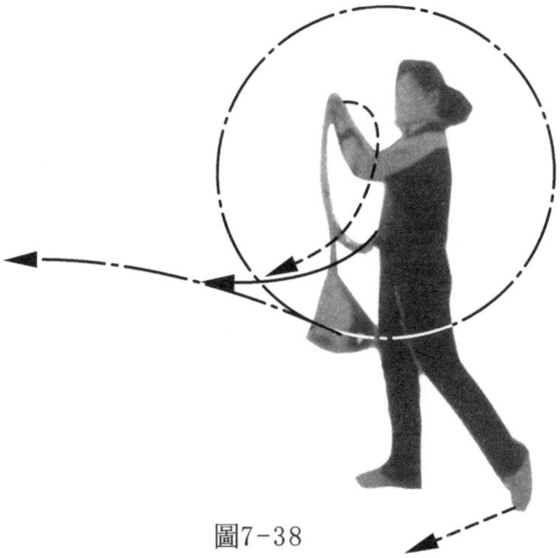

圖7-38

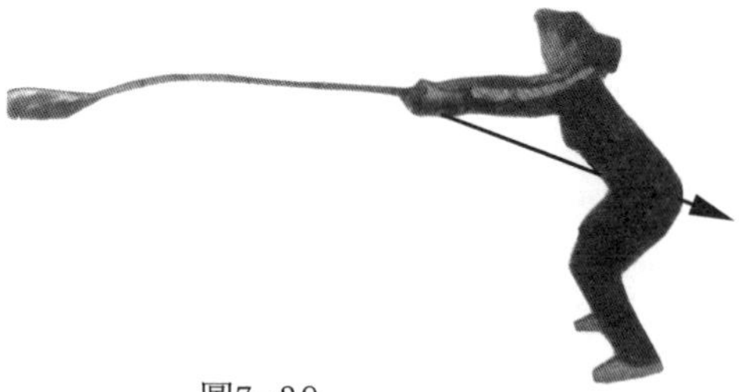

圖7-39

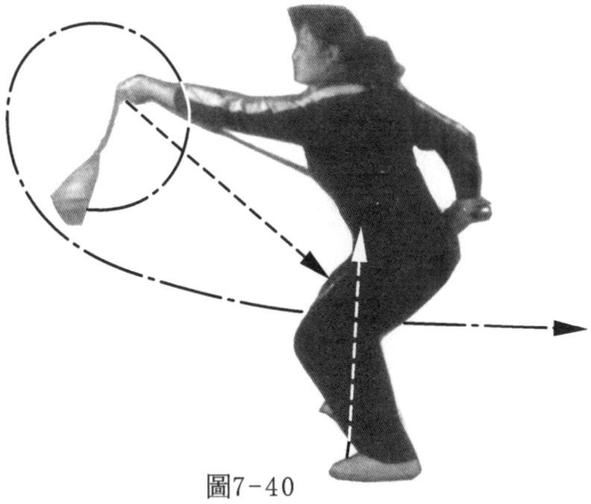

圖7-40

圖7-41

圖7-42

5. 右手拉錘的同時重心右移到右腿上；左腿向左側平踢，膝和腳面綳直；左手帶錘向前正繞到左大腿內下，右手持錘拉回到右腰側；目視左錘（圖 7－41）。

6. 左錘在左大腿內側繼續上繞到左腿上；同時，左手撤把移到左肩前側，掌心向上把左錘接到手中；右手持錘前拉至右胯前；目視左錘（圖 7－42）。

7. 左手接錘後，左脚在左側下落仍成馬步；左手握錘拉到身後，手高稍低於肩；右手持錘由右側胯前拉到身前，高與肩平；兩臂在身體的前後拉開；上體前傾，目視右錘（圖 7－43）。

8. 兩臂前後拉開後即以左脚掌爲軸向左轉體 180 度，成左弓步；轉體同時，右手在身前經胯下將右錘向後方扔出，形成平、後擊錘；目視前錘（圖 7－44）。

圖7-43

圖7-44

要領：

踢腿錘從腿下上繞後，按錘時重心要穩，接錘要準而快；左脚横跨落步時要穩，做到定如釘；脚落兩手帶錘一拉到位，隨即從襠下向後扔右錘，錘走要快、要平而有力；出錘、轉體要身手合協，既快又穩，一旦錘出到位則步定如山。

（六）仰身纏腕轉身衝錘（破浪出水）

1. 兩脚并步，身體直立；左手正握一錘的根部，置於左胯前，右手反握兩錘索的中部，位於右胸前；目視前方（圖 7－45）。

2. 左脚向前上一步，脚尖點地稍外擺成左高虚步；右手帶右錘在

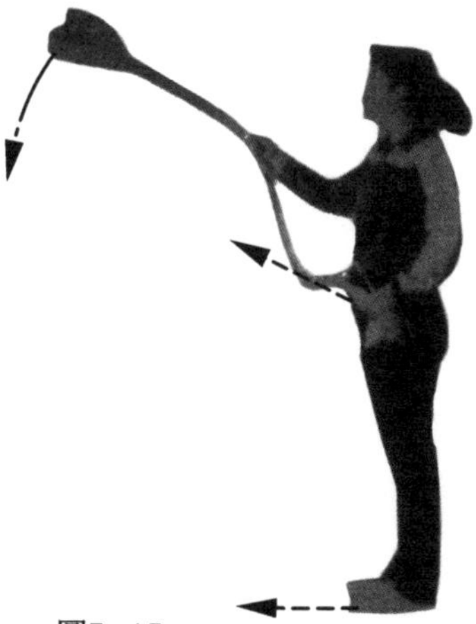

圖7-45

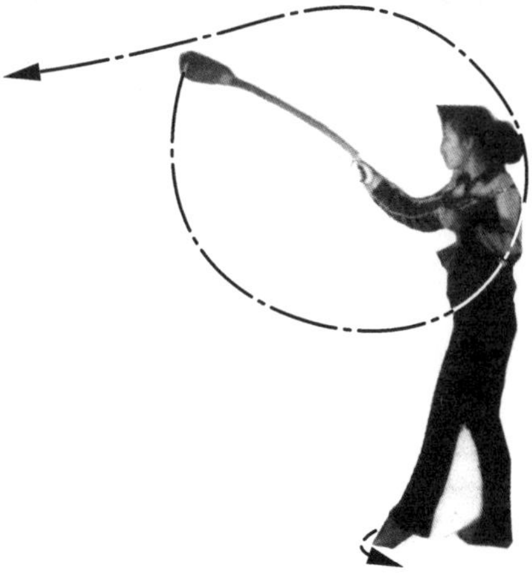

圖7-46

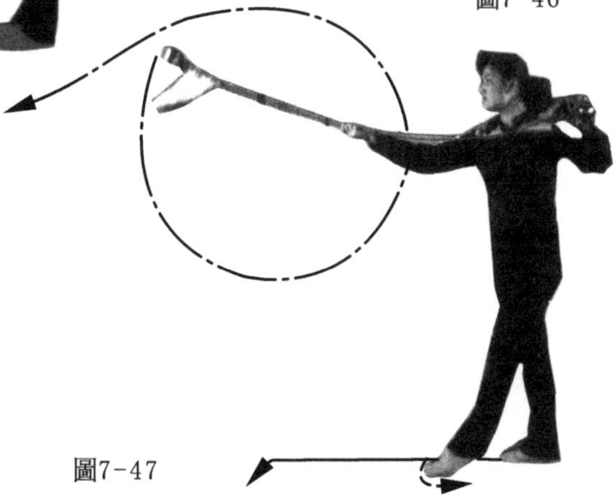

圖7-47

身體右側反繞錘，左手同時帶錘上提至左胸前；目視右錘（圖 7－46）。

3. 當右錘掛一周時，重心前移到左腿上，左脚跟落地；左手帶錘上拉到左肩上（圖 7－47）；速以左脚尖爲軸向左轉體；右脚向前上一步，脚尖内扣（圖 7－48）；右錘隨轉體帶到身體前正繞錘；向左擰身，重心移至右腿，胯前挺，左脚尖點地，借擰身後仰之力，將錘自體左側向後上方打出；目視打出之錘（圖 7－49）。

4. 將錘擊到位後，速將左手錘向左下方斜拉至左胸前，回屈右臂；右手握錘索，上體微抬起；目視右錘（圖 7－50）。

5. 左脚跟落地，體重右腿七分、左腿三分；右手向前拉錘索，使右錘索貼着右手背繼續由下往前掛，左手帶錘稍前拉；目視右錘（圖 7－51）。

圖7-48

圖7-49

圖7-50

6. 以右脚掌爲軸向左微轉體；左脚貼着右脚踝骨内側向右後撤步；同時，右錘隨撤步繞到頭的右上方；目視右錘（圖 7－52）；左手錘向左拉至頭左側，右手以腕關節爲軸，利用錘繞動的慣性使錘索在右手腕部掛一周；同時以兩脚掌爲軸，向左轉體 180 度，重心在兩腿中間（圖 7－53、圖 7－54）。

7. 右脚以前脚掌爲軸再向左稍轉；左手繼續帶錘從頭左側回到左肩前，右手腕繼續帶錘從右後繞至頭上，掌心向後；重心在兩腿中間；目視右錘（圖 7－55）。

圖7-51

圖7-52

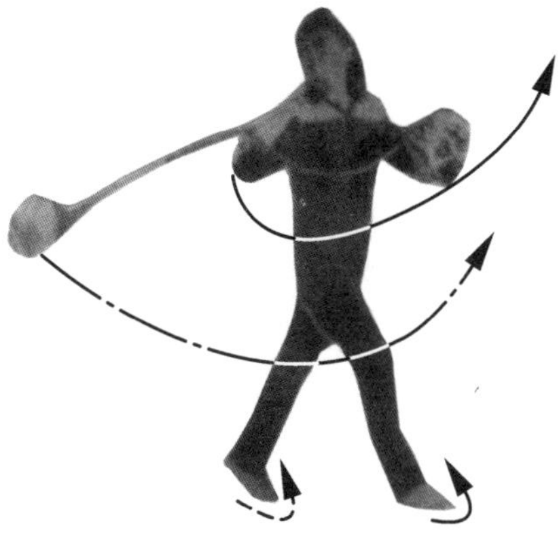

圖7-53

圖7-54

8. 重心移至右腿上成半馬步站立；上體稍後仰，同時，向左轉體 90 度，左脚外擺 45 度；左手拉錘到左肩前，右手腕帶錘到體前，掌心向下；目視右錘（圖 7－56）。

9. 重心移到左腿上，然後左脚以前脚掌爲軸，右脚以脚跟爲軸向右轉體 180 度，右脚向前進一步成右弓步；同時，右手腕帶錘在身前反繞半周使錘索脱腕，隨即借轉身之力將錘平胸打出，左手助力跟到右手腕内側；目視打出之錘（圖 7－57）。

要領：

仰身纏腕要身、錘協調；纏腕轉身，要身、錘一力；轉身脱腕出錘要身、腕同動，身轉錘發，干脆利索。

圖7-55

圖7-56

圖7-57

（七）前蓋步回身下衝錘（醉打山門）

1. 左高虛步站立，身體直立，目視前方；左手正握一錘的根部，置於左胯前；右手反握錘索中部，位於右胸前（圖 7－58）。

2. 左腳擺腳尖向前上一小步，隨即重心前移到左腿上，右腳跟提起，腳尖點地；左手持錘上提至左胯上；右手帶錘在身體右側做反繞錘；目視右錘（圖 7－59）。

3. 當右錘繞到身前時，迅速上右腳，腳尖外擺；右手錘繼續反繞，當右手錘索繞到與地面平行時，速向右後轉身成蓋步回身下衝錘；左手送錘助力；目視右錘（圖 7－60）。

4. 左手打出錘以後，速向左上方拉左錘使右手錘正繞到右後方；身體隨之稍起，左腳稍前帶（圖 7－61）。

5. 重心前移，同時向前上左腳，右腳跟提起，前腳掌點地；右手帶錘到右肩前使錘繼續正繞，左手錘收到左胸前；目視右錘（圖 7－62）。

6. 當錘繞到後下方時，上體前移，重心全部落在左腿上，右腿向後踢起，膝關節和腳面繃直；右手發錘到身前與肩平，左手助力至右手腕之內側，成探海平衡向前平衝錘；目視打出之錘（圖 7－63）。

7. 身體保持平衡，右腿收到左腿前，腳尖點地，上體挺起；挺身同時，左手快速向前上方拉左錘，將左錘拉至左胸前；右手帶錘借慣性收至右胸前；目視右錘（圖 7－64）。

圖7-58

圖7-59

圖7-60

圖7-61

圖7-62

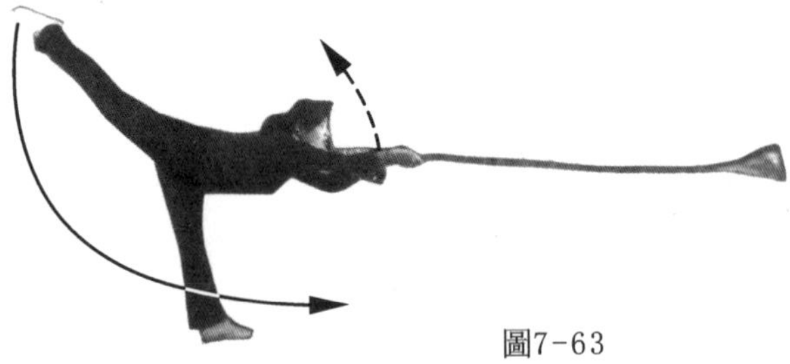

圖7-63

8．上體迅速後仰，提右膝，右腳面綳直；右手帶錘借右錘下擺的慣性向後扭身將右錘平直衝打；右手發力移至頭右後，右臂伸直，左手助力跟至右肘關節處成屈腿仰身平衡；仰頭視打出之錘（圖 7－65）。

9．右錘擊出後重心前移，右腳尖外擺，向前落步，左腳跟提起；左手將左錘拉至左胸前，右臂上屈帶右錘在身體的右側正繞錘；雙目注視右錘（圖 7－66、圖 7－67）。

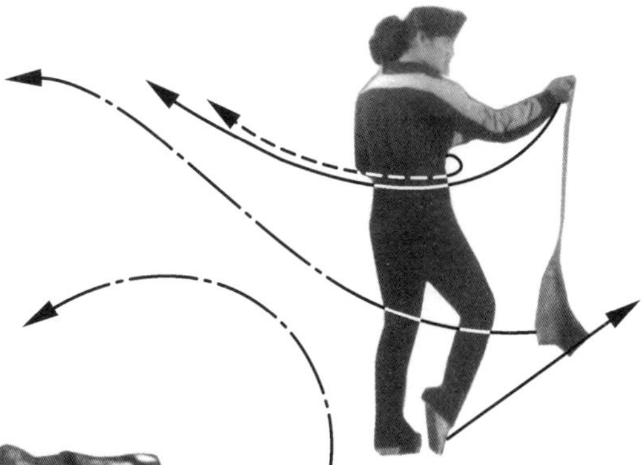
圖7-64

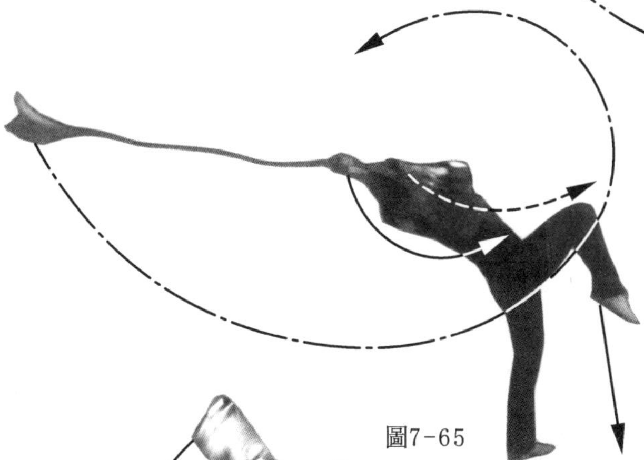
圖7-65

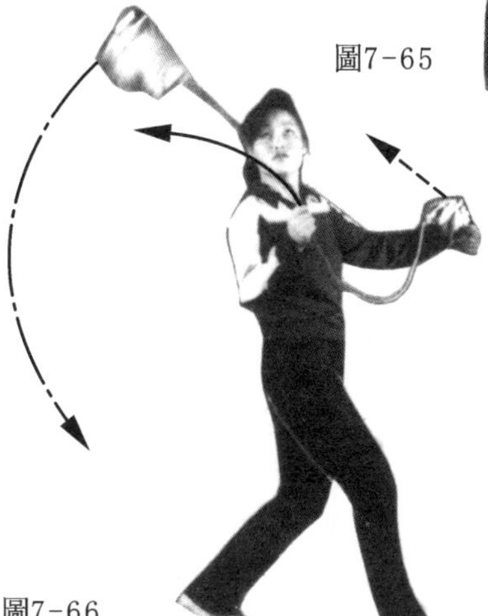
圖7-66

10. 重心前移，左腳尖外擺向前上一步，右腳跟提起；上體向左轉，同時左手隨身體的轉動向左後拉錘至左肩前，右手帶錘在身體右側正繞錘，右臂外旋，掌心向後；目視右錘（圖 7－68）。

11. 上動不停，右腳向前上步裏扣，前腳掌點地；同時身體向左轉體 180 度，右錘繼續上帶，右手繞至面前，左手帶左錘至左肩前；目視右錘（圖 7－69）。

12. 當右錘帶到身體右前方與地面水平時，左腿迅速向左腳後方插步，猛回身向右後下方擊錘，成左後插步回身下衝錘；目視打出之錘（圖 7－70）。

要領：

蓋步回身下衝錘要步實、力猛，借回身抖腰發力，使錘擊對方膝蓋部位，而不要過低；探海平衡前衝錘，前探出錘要快、猛，又要保持平衡；後插步回身下衝錘要身械協調，步落錘到。

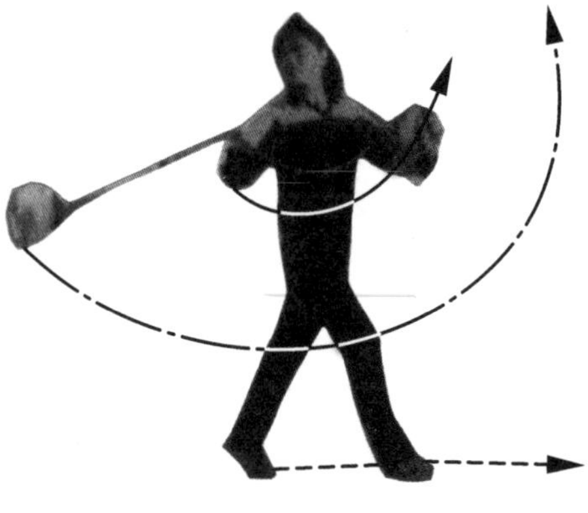

圖7－67

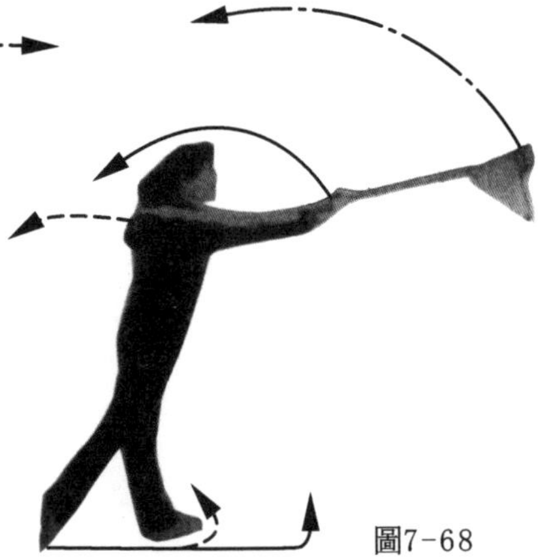

圖7－68

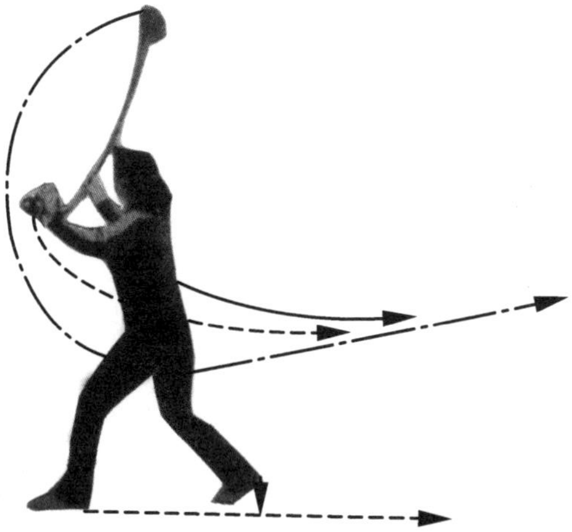

圖7-69

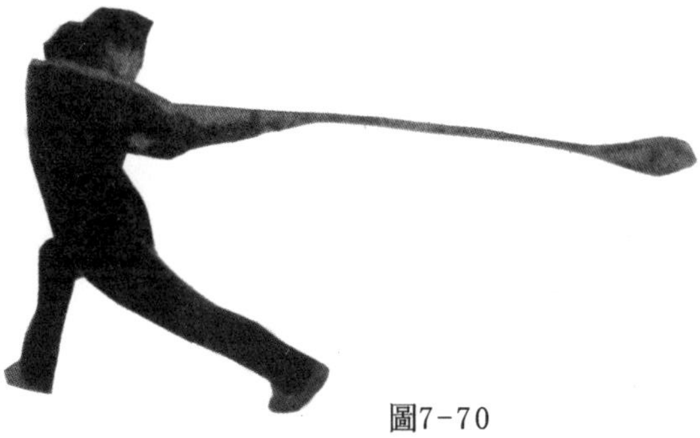

圖7-70

（八）仰身、抖手、轉身平衡錘

1. 左高虛步站立，左手正握一錘的根部持錘於左腹前，右手反握錘索的二分之一處置於右胸前；目視前方（圖 7－71）。

2. 左脚向前墊半步，脚尖内扣，重心移於兩腿中間；右手帶錘在身體右側正繞錘，左手隨右錘的繞動上抬至左胸前；抬頭看錘（圖 7－72）。

3. 當右錘繞到頭的上方時，右脚以前脚掌爲軸裹扣，重心移到右腿；左脚跟提起，脚尖點地；同時，向右後迅速扭身；右手帶錘，仰身將右錘向後方打出，右手發力到頭上方，臂伸直；左手緊跟發力到右手内側。目視右錘（圖 7－73）。

4. 右錘打出後速收錘，左手持錘速斜下拉至左胸側，右手帶錘拉到右肩外上方，同時身體稍挺起；扭頭看錘（圖 7－74）。

5. 左手繼續帶錘下壓至左胯側；身體隨錘的拉回也變爲直立；左脚跟落地；目視右錘（圖 7－75）。

圖7-71

圖7-72

圖7-73

圖7-74

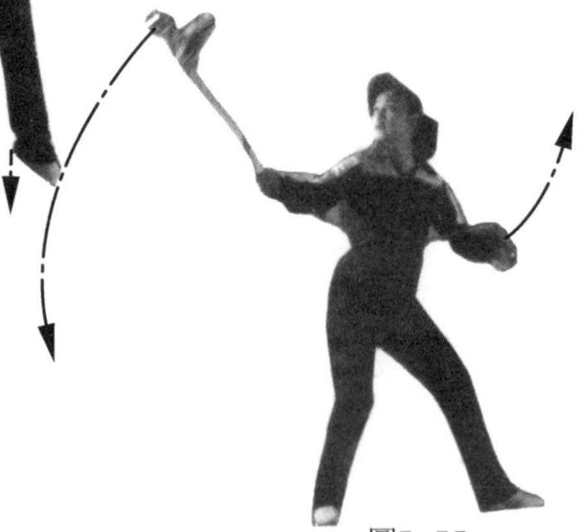

圖7-75

6. 上動不停，重心前移；右脚迅上前一步，脚尖外擺，左脚跟提起；左手帶錘上提至左肩側；右手帶錘平繞到身體的右側；目視右錘（圖 7－76）。

7. 上動不停，以兩脚的前脚掌爲軸，迅速向左轉體 270 度左右；右手帶錘使錘在腰部逆時針方向横掄一周；當錘掄到右側方時，身體重心速後坐到右腿上，左脚尖點地；右手帶錘到身前與肩平，左手助力送到右手腕内側向前平擊錘；目視右錘（圖 7－77）。

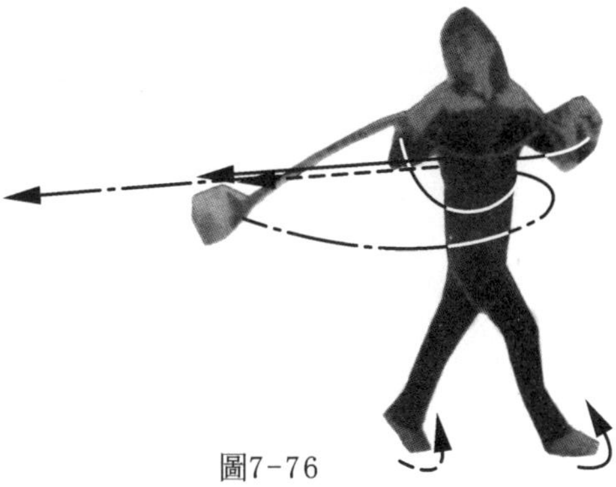
圖7-76

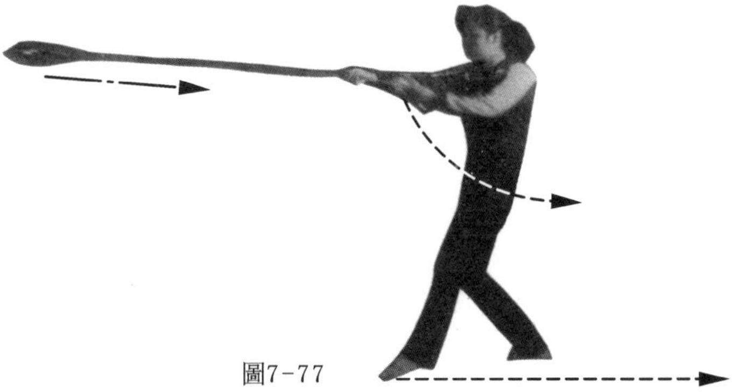
圖7-77

8. 錘擊出後，左脚向後撤一大步，左手持左錘拉到左大腿前；目視右錘（圖 7－78）。

9. 右錘拉回後，以左脚尖爲軸向左轉體 180 度；同時，右脚隨轉體向前上一步，脚尖内扣；左手帶錘收於胸前，掌心向下；右手帶錘隨轉體上步將右錘齊腰掄到左腰側時，撒手使右錘繞向頭右上方（圖 7－79）。

圖7-78

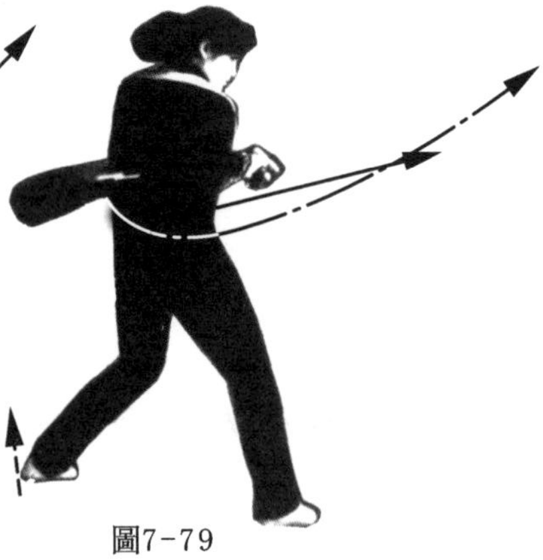

圖7-79

圖7-80

10. 當右錘到頭右上方時，右手速貼錘索向前接把；目視右錘(圖 7－80)。

11. 上動不停，右手接把後以左脚脚掌爲軸，迅速帶錘向右轉體 180 度；同時，右脚隨轉體向前邁出一大步成右弓步；轉體的同時，左手帶錘索由頭後繞到身前將錘向前平直打出；目視打出之錘(圖 7－81)。

圖7-81

圖7-82

圖7-83

12. 錘擊出後重心速後移，右腿向後撤半步，身體直立；左手帶錘拉回至左胸前；右手帶錘在身體右側反繞錘（圖 7－82)。

13. 右手帶錘反繞的同時，以兩脚掌爲軸向左轉 90 度；反腕使錘在身體右側繼續反繞一周；目視右錘（圖 7－83、圖 7－84)。

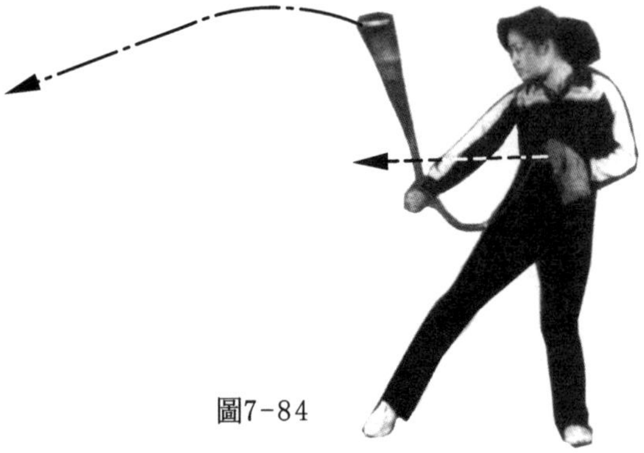

圖7-84

圖7-85

圖7-86

14. 當右錘在身體右側繞到體前時，重心速前移；右手抖腕將錘從右手腕外側向前抖出打平，右手發力下掛到右前下方與地面成 45 度處；左手助力到右肘前；目視打出之錘（圖 7－85）。

15. 右錘抖出後，重心速後移；以左脚脚尖爲軸，向左轉體 90 度；同時右脚向左蓋一步，脚尖外擺；右手速反握錘索中部，左手帶錘拉回到左肩前（圖 7－86）。

16. 上動不停，重心前移；左脚向前上一步，脚尖點地；右手帶錘在身體右側正繞錘，左手帶錘下拉到腹前（圖 7－87）。

17. 以兩脚前脚掌爲軸，向左轉體 135 度，重心落在左脚上，右脚跟提起；右手帶錘由體右側正繞，隨轉身帶到身前開始變成反繞錘，左手持錘上抬至左肩處；目視右錘（圖 7－88）。

圖7-87

圖7-88

18. 當右錘繞到右肩側時，速上右脚扣步，前脚掌點地，身體續向左轉 135 度，右脚跟落實；左腿速向右後插步，成左插步右後轉身平擊錘；右手帶錘發力到右側後方，右手稍低於肩，臂伸直；左手助力到右肘裏側；目視打出之錘（圖 7－89、圖 7－90）。

要領：

變化錘法時動作要快而準，步要上得快而穩，特別是抖腕的錘一定要打出脆、剛之勁。

圖7-89

圖7-90

八　流星錘綜合套路

流星錘綜合套路動作説明

流星錘綜合套路的動作名稱

第一段

（一）預備式

（二）衝錘（玉女穿梭）（前後連貫五錘）

（三）掛錘

（四）仰身衝錘（犀牛望月）

（五）蓋步後衝錘（醉打山門）

（六）側空翻上下掃錘（鳳凰旋窩）

（七）撤步勾錘

第二段

（八）掛肘衝錘（金剛亮臂）

（九）搭背掛肘擰身衝錘（掛背掏心）

（十）左右脚踢錘（浪子踢球）

（十一）右掛肘衝錘（金剛亮臂）

（十二）左掛肘點錘

（十三）掛肘擰身衝錘

（十四）左手掛錘

（十五）掛左肘擰身弓步衝錘

（十六）搭背轉體掛衝錘（蘇秦背劍）

（十七）左掛腿胯下擰身衝錘（張飛騸馬撩陰錘）

（十八）撤步仰身衝錘（抖鈴手）

（十九）撤步掛肘衝錘

（二十）撤步轉身衝錘

（二十一）左右變步掛肘點衝錘（倒海翻江）

第三段

（二十二）左脚爲軸轉體連衝四錘

（二十三）雙手舞花（亂採花）

（二十四）轉身雙手舞花

（二十五）單手舞花

（二十六）轉身單手舞花

（二十七）拉接把撩掛衝錘

（二十八）轉身弓步衝錘

第四段

（二十九）頭上平舞花（插花蓋頂）

（三十）背上平舞花

（三十一）轉身頭上长雲錘

（三十二）旋子下掃錘（秋風掃葉）

（三十三）上雲、扣腿、旋轉、拉錘

（三十四）掛錘、并步、接把

（三十五）弓步壓錘

（三十六）丁步亮錘（收式）

流星錘綜合套路的具體練法

第一段

（一）預備式

兩脚成左丁字步站立，左脚尖向正南方，右脚尖向西南成 45 度角；身體稍右斜，頭左轉；兩腿伸直、并攏；兩臂自然下垂，右手五指并攏貼靠右腿側，左手提錘自然下垂於左腿外側。兩眼平視左前方（圖 8－1）。

要領：

頸直、挺胸、收腹、鬆肩、目光炯炯有神。

注：凡東、南、西、北方向，均指地理方位。

（二）衝錘（玉女穿梭）（前後連貫五錘）

1. 左手經體側向左抬起至與肩平，掌心向下；同時頭向左轉，目視左前方；身體稍右傾，挺胸收腹；右腿向右側横跨一步，重心落到右腿上（圖 8－2）。上動不停，向右轉體 90 度成右弓步（右脚尖向西）；同時，左手持錘由體左側經體前向右前方將前錘衝出，左手帶錘發力，抬到胸前與肩平；右手助力到左手内側；雙目平視前錘（爲下動拉把做好準備）（圖 8－3）。

2．上動不停，重心後移到左腿上，以左脚爲軸向右轉體 180 度；同時撤右脚經左脚内側落於左脚前，左手拉錘到胸前，右手拉帶錘經胸前向下繞，繞到身前、下方（圖 8－4）。右脚向前邁一大步成右弓步；兩臂由下經體前將錘打出，兩臂抬至與肩平，使錘打得平、直、遠（圖 8－5、圖 8－6）。

3．以右脚爲軸向右轉體 180 度，左脚抬起向後（向東）撤一大步；同時左手向下拉錘，右手帶右錘隨轉體由體前向西打平衝錘；右手發力送錘到體前，高與肩平，左手助力到右手内側；目視前錘（圖 8－7）。

4．重複 2、3 的動作（如圖 8－3、圖 8－4、圖 8－5、圖 8－6、圖 8－7）。

要領：

（1）這一組合動作是指前打後、指東打西、指西打東地連續變換莫測的群戰錘法，所以要求轉體、拉錘、上步要變換得快速、自如、穩準有力。

（2）錘貼近身而走；要求打平、打直、打得有力。

（三）掛錘

1．左手斜下拉錘，到小腹前；目視前錘（圖 8－8）。

2．重心後移，立身；左手帶錘隨起身上拉至左肩前；同時，右脚向後撤一大步，脚尖外擺，左脚跟隨向後滑帶，成左高虚步；隨身體的移動，右臂後帶并變屈 90 度，使右錘在體右側反繞掛錘，目視右錘；同時，隨右錘的繞動左脚繼續回帶到右脚前内側（圖 8－9、圖 8－10）。上動不停，身體稍前傾右轉，左脚向前邁一步；同時右手帶錘在體右側反繞下掛錘一周（圖 8－11）。

要領：

（1）撤步掛錘和轉身上步掛錘要連貫利索。

（2）上步與掛錘身法動作要協調一致。

（四）仰身衝錘（犀牛望月）

1．上動不停，左脚向前邁步的同時，脚尖外擺，重心前移到左腿上，右腿經左腿内側向前上屈膝提起，向後仰身（圖 8－12）；同時，右手帶錘在身體右側正掛，由前向下、向後，貼近身成仰身平衡將錘向後平直打出，右臂打直，左臂送到右臂的内側，右脚向前上方踢出，目視前錘（圖 8－13）。上動不停，以左脚尖爲軸迅速向左翻身，變成俯身平衡，錘打平後左手即握錘向下斜拉（圖 8－14、圖 8－15、圖 8－16）。

要領：

（1）邁步不能停頓，上步要輕而穩。

（2）前踢和後衝錘要協調一致；身借錘力，錘借身力，身體保持平穩；腿可稍高，但錘要打平，在錘打到最遠端的刹那間，完成轉體動作，而轉體時錘要平要穩，轉體時，前錘勁不能鬆，錘索不能彎曲，錘頭向前要有旋轉之勁。

（五）蓋步後衝錘（醉打山門）

1. 上動不停，身體抬起，左手帶錘拉到左胸前，右手帶錘在身體的右側反繞錘；同時右脚向前邁一大步，脚尖外展成蓋步，重心前移到右腿上，左脚脚尖着地；身體右轉擰腰，右手用力將錘向後方打出，右手抖直，左手助力到位；回頭看錘（圖 8－17、圖 8－18）。

要領：

（1）蓋步、擰腰、轉體、衝錘要體現出步法、身法、錘法協調一致。

（2）衝錘時，錘要打得平而遠，且要快出、快回，故於發力時要兩臂儘量伸直。

（六）側空翻上下掃錘（鳳凰旋窩）

1. 左脚向前上一大步蹬地起跳，右脚跟上在空中兩脚成并步；同時，右手錘經體右側繞到頭上，在頭上反雲錘一周，左手隨起跳將左錘拉至左胸前；目視上錘（圖 8－19、圖 8－20）。

2. 起跳後下落時，右脚先落地後，左脚緊跟向前落地（圖 8－21）；落地後兩脚先後蹬地（圖 8－21 中的 1、2、3 爲蹬地順序），蹬地後右脚即離地向後上方甩起，接做側空翻；同時，右手錘由頭上到體右下方，續向左繞一平圓，右脚、左脚先後落地，上體抬起（圖 8－22、圖 8－23、圖 8－24、圖 8－25、圖 8－26）。

要領：

（1）起跳時要快，左脚落地就起跳；側空翻要做到高、飄；掃錘要做得輕鬆，快而穩，身錘配合協調。

（2）上、下掃錘要平，連接自如。

（七）撤步勾鍾

1. 空翻剛剛落地，右脚後撤一步，脚尖點地成俯身後插步；同時，右手錘在體前從右向裏反繞錘，繞270度的大弧，由體側把錘向前勾打出，右手發力上移到臉部前方，左手助到右手腕内側；目視右錘（圖8-27）。

要領：

（1）後插步是爲了使勾錘借力，打得勁疾剛猛。

（2）向前打錘兩臂借腰力發勁伸直，使錘打得快而遠。

第二段

（八）掛肘衝錘（金剛亮臂）

1. 上動不停，左手帶錘下拉至小腹前，右手帶錘捋錘索滑拉到錘索的中部，屈肘置於右胸前，左脚向後撤一步；隨着右手帶錘在體右側反繞，右脚再向後撤一步（圖8-28、圖8-29、圖8-30）。

2. 右脚脚跟裏轉，重心後移，前脚掌點地；左手持錘帶到左肩前上方，右手帶錘在體右側反繞錘掛肘；目視右錘（圖8-31、圖8-32）。

3. 左手錘拉至左腰側，同時以左脚前脚掌爲軸，重心後移；當右錘正掛肘一周時，身體突然右轉180度，右脚借轉體之力向東邁出成右弓步；同時右手錘由體前經下向後猛力將臂抖直、把錘打出，左手助力到右手内側；目視打出之錘（圖8-33）。

要點：身體先不要轉，待錘掛一周與胸平時，猛轉身將錘抖出，錘要打得平、遠、直。

（九）搭背掛肘擰身衝錘（掛背掏心）

1. 右脚經左脚前向左蓋一步，左脚尖點地；左手持錘拉至左腰側，右手（手心向下）帶錘由體前到左腋下將錘向頭右上方打出；左脚隨錘掛背打出之時向左側移半步；左手背背於身左側，右手上擺，平屈肘於右胸前，身體隨錘索搭臂而稍右扭（圖8-34、圖8-35、圖8-36、圖8-36正面）。

2. 上動不停，左脚向左後滑一步，右脚隨左脚也向左後滑，左手回拉至左肩下；同時屈右臂上抬至與肩平，使錘索在右肘上正掛一周（圖8-37）。

3. 上動不停，當錘掛肘一周後，以右脚掌爲軸，左脚向前上一大步；身體猛向右轉體180度成右弓步，借轉體之力將錘向後（西）平衡打出；右手帶錘發力到右肩前方，掌心向上，左手助力送到右手内側（圖8-38）。

要領：

(1) 擰身掛肘時，錘索纏在右肘上要緊，轉體時身，要直不能傾斜，要以腰帶臂。

(2) 待第二周掛至與胸平時，即以腰帶臂向右轉體抖身，借抖身之力，迅速將錘衝出。

（十）左右脚踢錘（浪子踢球）

1. 上動不停，當錘打出後，左手持錘速回拉至小腹前（圖 8－39）。

2. 重心前移，右脚尖稍外擺，左手拉錘到左胸外側；同時右手錘在身體右側貼身反繞；當右錘掛到身前方時，速提左腿，屈膝，綳脚面，使錘索在左脚面上掛纏一周；然後彈腿，右手配合發力將錘打出（圖 8－40、圖 8－40 正面、圖 8－41）。

3. 彈腿後左脚向前落一步，隨即重心前移，左手持錘拉至左肩前；右手帶錘至右肩前；使錘在身體右側反繞；當錘繞到前下方時，重心速前移到左腿上，抬右腿，屈膝勾脚尖向右外展，使右錘前端錘索在右脚前脚掌處掛繞一周；隨即向前點脚，將右錘點出；右手帶錘發力至右肩前方，左手助力送至右手腕處；目視右錘（圖 8－42、圖 8－43、圖 8－44）。

要領：

踢點錘前，錘索纏、掛脚要緊；纏脚和踢點錘的時機要恰當，要將腿和脚面彈直。

（十一）右掛肘衝錘（金剛亮臂）

1. 上動不停，右腿收回成并步站立；左手持錘拉回到左胯前，右手帶錘在身體右前方做反繞錘；雙目注視右錘（圖 8－45）。左脚隨即向前上步裹扣，重心移至兩腿中間；左手持錘提拉到左肩前，右手帶錘在身體右側繼續繞錘；目視右錘（圖 8－46）。

2. 上動不停，重心後移，身後坐，右脚跟提起；左手持錘前送到左肩前方；右臂屈肘收回，上抬到高與肩平，手心向下；目視右錘（圖 8－47）。

3. 重心繼續後移，以左脚前脚掌爲軸，隨錘的運動向右微轉體；轉體同時，右脚向前邁出一大步，右臂屈肘使右錘在右肘上纏掛錘一周，隨即猛向右擰腰、轉體 180 度成右弓步，將錘平直打出（圖 8－48、圖 8－49）。

要領：

（1）扣步要迅速、輕鬆、自然，一次到位。

（2）轉體、衝錘時要以腰帶臂；衝錘時要手、脚、錘齊到；錘要打得平而遠，力達錘端。

（十二）左掛肘點錘

1. 上動不停，右脚迅速回撤半步，脚尖外擺，重心迅速移到右腿上；左脚跟提起，脚尖點地；右手帶錘在身體右側正掛一周；左手隨掛錘提拉到左肩前；雙目注視右錘（圖 8－50）。重心繼續前移，以右脚尖爲軸向右轉體 90 度；同時，左脚向前上一步，脚尖外擺，重心落在兩腿中間；右手帶錘正掛到左胸前，右錘掛到身體的左前方；左手握錘索根部，帶錘屈臂於左胸前，拳心向下，使錘索前端在彎折的左臂上纏繞一周（圖 8－51、圖 8－52）。

2. 當錘掛肘一周時，重心移到左腿上，右脚尖點地，猛向左抖腰將錘向左點打出；右手鬆把收到右肩前，掌心向下；左手帶錘發力伸至左肩前上方，左臂伸直使錘打擊到最遠端；目視打出之錘（圖 8－53）。

3. 錘點出後，迅速左轉 90 度；右手迅速貼前胸移到左腋下，緊貼左臂下順着錘索向中部滑握把完成右手正握接把（圖 8－54、圖 8－55）。

要領：

上步要輕而準，點錘時要將錘迅猛抖出，使錘頭沿拋物綫運行，打到最前端時要發出剛脆的點勁，并貫到錘的前端；當錘點到最遠端接把時，右手一定要緊貼身體和左臂，順錘索前滑握把，整個動作要連貫自如。

（十三）掛肘擰身衝錘

1. 上動不停，重心移至左腿上，右脚尖點地；右手接把後，揚右肘，左手帶錘拉至左胸前方，右手帶錘在體右側反繞搭掛在右大臂中下部（圖 8－56）。隨即，右脚收到左脚内側成右丁步，使錘索在右肘上纏繞一周；同時左手帶錘回拉到左胸下（圖 8－57）。右脚迅速向後跨一大步，屈膝，脚掌點地；重心隨即後移。（圖 8－58）。

2. 上動不停，以左脚爲軸，猛向右轉體 180 度；右脚尖轉向西成右弓步前平衝錘；右臂抖直與肩平，左手助力到右小臂内側；目視前錘（圖 8－59）。

3. 錘打到位後，左手帶錘下拉到左大腿外側（圖 8－60）；隨即右脚撤步到左脚内側成右丁步；左手帶錘上提到左胸前，右手帶錘在身體右側開始反繞錘（圖 8－61）。當錘繞到身體後時，重心移到左脚上，右脚向後撤一步，脚尖點地；同時身體直立，右臂屈肘上揚，使錘索在右肘上繞一周；當錘繞到身前時重心後移；右脚前脚掌落地，以左脚爲軸，右脚向右後方撤一大步，向右轉體 180 度成右弓步衝錘；右手帶錘發力前送，臂伸直，高與肩平，左手助力送至右手腕内側（圖 8－62、圖 8－63、圖 8－64）。

注：圖 8－62、圖 8－63 爲掛肘的反面圖，便於看清錘索掛肘的動作和位置。

要領：

（1）撤步、揚肘、掛肘、轉體一定要連貫，上下协调。

（2）衝錘時要以腰帶臂、臂帶錘，錘索打直，力到錘的前端。

（十四）左手掛錘

上動不停，左手斜下拉錘（圖 8－65）。右手滑握到右錘的根部，串把收錘到右肩前方，左手滑握到錘索的中部；同時右脚向後撤一步，左脚緊跟向後滑撤一步，脚尖點地，重心落在右脚上，上體前傾；左手帶錘在身體左側正繞錘（圖 8－66）。

（十五）掛左肘擰身弓步衝錘

1. 當左手掛捶到身體前方時，提左肘使左錘在左肘上纏繞掛錘一周（圖 8－67）。左肘繼續繞掛錘；以右脚前脚掌爲軸，向左轉體 180 度，重心隨轉體移到右腿上，身體稍後仰，左脚抬起；同時左肘將左錘繞帶到身體後下方後向後抬起；目視前方（圖 8－68）。

2. 同時左脚向前落地成左弓步；左手帶錘隨弓步發力使左錘從後向前摜打出，錘高平肩，右手助力到左手腕内側；目視打出之錘（圖 8－69）。

要領：

（十四）和（十五）是一個連貫的組合動作，所以（十四）的串把、掛錘和（十五）的掛肘、繞錘、撤步、轉身、摜打要一氣呵成。摜打錘要打得遠而平。

（十六）搭背轉體掛衝錘（蘇秦背劍）

1. 接上動，起身，左脚撤回大半步，脚尖點地成左高虚步，重心後落到右腿上。同時兩手拉換把，左手順錘索拉左錘，滑把到左錘索的根部，收錘到左胸前；右手滑握到兩錘索的中部，屈臂于右胸前，使右手錘在身體右側反繞兩周（圖 8－70）。

2. 當錘繞到身體後時，左脚稍内扣；俯腰、重心移到兩腿中間；右手手心向上，虎口靠於右側背部腋窩，使錘索由右腋下側搭到左肩上；左手借錘到胸前（圖 8－71）。上動不停，頭從左向下、向右繞一周；當錘在體前成立圓反繞到身體左下側時，迅速以左脚脚跟和右脚脚尖爲軸，原地向左轉身 90 度；上右脚向右上步裹扣，俯身，頭從右上繼續向左、向下繞動，再向右擺回原位，使錘從左肩上、經體上向右下掛回；右手翻手腕，左手拉回到左腰側；重心稍移到右腿成半馬步；抬頭看錘（圖 8－72、圖 8－73、圖 8－74）。

3. 右錘再於身前反掛，當錘掛到右下方時，擰腰左轉 90 度，左脚向前上一大步成左弓步將錘打出；右臂抖直與肩平，左手助力送到右手腕内側（圖 8－75）。

要領：

（1）俯腰、轉體、擺、扣步轉體時重心要穩，錘借身力，身、錘要協調一致。

（2）錘搭肩上時，腰、胸、頭都要作圓的運動，使錘在身前掛成立圓。

（3）用身肩掛錘繞行時，要錘借身力，身發錘威，相輔加速，最後借反掛錘的慣性，擰身上步速發衝錘。要步到錘到，發出迅雷不及掩耳之威。

（十七）左掛腿胯下擰身衝錘（張飛騙馬撩陰錘）

1. 上動不停，當錘打到位後，左手帶左錘拉把到左胸側；同時右手滑拉到兩錘索的中部；右脚向右前方上一步，身體向右轉 90 度，重心前移到右腿上，左脚跟提起，脚尖點地；右手帶錘拉帶到右胸前側反繞；目視右錘（圖 8－76、圖 8－77）。

2. 右錘掛到與地面垂直時，重心全部移到右腿上，左腿繃脚面正踢，左手帶錘正繞到左腿上（圖 8－78、圖 8－79）；右手于左大腿下换把，手心向下變成正手握把；左手帶錘拉到左大腿外側；抬頭看錘（圖 8－80）。

3. 上動不停，换把後即向左前側落左脚，脚尖外擺，身體左前傾；掛錘掛到左前方時，上體俯身向左擰身，同時向後踢右腿成擰身燕式平衡錘由頭上經體前向下穿襠打出；左手帶錘發力到身體左側，高與肩平，右手收落到腹下；回頭看錘（圖 8－81）。

要領：

（1）踢左腿時，膝關節要伸直、脚面綳直、高過胯；换把要快，做到迅速自然，不顯動作形迹。

（2）打撩陰錘踢起的右腿一定要做到膝、脚都綳直，錘要打直。整個動作要連貫自如。

（十八）撤步仰身衝錘（抖鈴手）

1. 右脚向前上一步，扣步左轉 180 度，左脚往右脚裏側收回半步，脚尖點地，身體直立成左高虚步站立；同時右手接錘滑拉到錘索的中部，帶錘在身體右側反繞錘；當錘繞一周時，速上右脚成并步正繞錘；左手移至左胯側（圖 8－82、圖 8－83）。

2. 右脚落地完成并步時，右錘已掛到體前；右脚迅速向後撤一步成左高虚步，拉錘向後仰身，同時向後上方將錘抖出；右手帶錘發力到頭上方，臂伸直，左手助力到右手腕内側；仰頭看錘（圖 8－84）。

要領：

仰身衝錘腰後仰時要快而有韌性；兩臂伸直，出錘用抖勁，勁要長，兩手要到位。

（十九）撤步掛肘衝錘

1. 錘打到位後即向右扭轉身 90 度；左脚向後撤半步，脚尖向前，重心落在左腿上，右脚隨後滑半步；同時左手拉錘回拉到左胸前方，右手滑握到錘索的中部收臂，右錘從前反繞到體右側掛肘一周（圖 8－85）。

2. 右錘掛肘到與胸平時，左臂前伸，右脚速後撤一大步（圖 8－86）；同時以兩脚掌爲軸，猛向右轉體 180 度，右脚續向右前方邁進半步成右弓步前平衝錘；右手帶錘發力到身前與肩下，左手助力到右手腕内側，兩臂伸直；目視打出之錘（圖 8－87）。錘到位後，即向後下拉左錘，至右大腿内側，右手滑握到兩錘索中部；身體重心稍後移，右脚向後撤半步；目視前錘（圖 8－88）。

要領：

（1）落脚、轉身、收臂，動作要連貫，出錘要快。

（2）出錘時要錘借身力，扭腰、抖肘要快速有力，脚到錘到。

（3）收錘撤步是爲下一動作做準備。錘出必收是流星錘擊法不可缺少的環節。

（二十）撤步轉身衝錘

上動不停，重心後移到左腿上，右脚經左脚内側向後撤一步，以左脚掌爲軸，向右轉體 180 度；同時右手拉錘在身前下帶錘，左手上抬（圖 8－89）；借轉身之勢向右成右弓步前平衝錘；右手帶錘打擊到右肩前方與肩平，左手助力送到右手腕内側，右臂伸直；目視前錘（圖 8－90）。

（二十一）左右變步掛肘點衝錘（倒海翻江）

動作方法和要領與（十一）、（十二）相同，不贅述，請參照各該動作説明（圖 8－91、圖 8－92、圖 8－93、圖 8－94、圖 8－95、圖 8－96、圖 8－97、圖 8－98）。

第三段

（二十二）左脚爲軸轉體連衝四錘

1. 上動不停，右脚速上步稍内扣，右手向前貼錘索準備接搪錘索；重心前移至右腿，左脚前脚掌點地（圖 8－99）。

2. 右手剛接搪錘索時，右脚迅速向後撤一步，脚尖外擺，身後坐，重心移到右腿上，左脚尖點地；左手帶左錘迅速回拉至右大臂的内側，右手隨帶錘滑搪到錘索的三分之一處；目視前錘（圖 8－100）。

3. 以兩脚前脚掌爲軸向右轉體 90 度（面南）；同時左手帶錘前撑至左肩側，右手用手背帶錘在身前反繞（圖 8－101、圖 8－102）。當錘繞到右前上方時，右手正握住錘索，左手隨屈肘内收；右脚向左收回小半步，脚尖内扣，重心移到兩腿中間，雙目注視右錘（圖 8－103）；右手正握錘索後將錘帶到身體右側正繞錘，錘繞到前下方時，速上右脚成右弓步向前平衝錘。右手帶錘發力到身前與肩平，臂打直，左手助力至右手腕内側；目視打出之錘（圖 8－104）。

4. 右弓步衝錘完成後，以左脚掌爲軸，向右轉體 180 度；轉體同時右腿向東邁一步，脚尖外擺，重心前移至右腿，左脚尖點地，上體稍前傾；向右前上方衝錘，右手帶錘發力到頭的右上方，左手助力到右手腕内側，兩臂伸直；抬頭看錘（圖 8－105）。

5. 完成上衝錘後，重心後移，以左脚爲軸。向右轉體 90 度；右脚隨之向西撤一步；左手先斜上拉錘，右手斜下拉錘；重心繼續後移到右腿上，上體向後扭仰，左脚尖點地，成後仰身上平衝錘，右手帶錘發力到頭的右上方，左手助力到右手腕内側；目視打出之錘（圖 8－106）。

6. 仰身上平衝錘到位即帶錘起身；左手斜下拉錘到左腰前，右手拉到錘索的中部至右胸前；重心仍在右腿上，左脚尖點地（圖 8－107）。上動不停，重心前移，左脚跟落地，右脚向前上一大步成右弓步平衡錘（圖 8－108）。

要領：

（1）搪、握把要連得自然，這就要求搪、掛繞錘時手背一定要貼着錘索滾動。

（2）搪、握把後接右弓步前衝錘時，正握變反握時要自然且快，令人無察覺。

（3）連續衝四錘，要連得快、猛，支撑點不要動，一直以左脚爲軸，由上體來調解錘的變化。每錘之間的連接中没有繞錘，直接衝錘。要充分顯示出流星錘在群戰中獨特的技擊風格。

（二十三）雙手舞花（亂採花）

1. 弓步衝錘到位後，右腿收至左脚内側成右丁步；同時右手與左手滑拉把，右手反握錘索的中部微屈臂收於右胸前，左手跟到右手後兩把遠之處與右手成陰陽把握錘；隨即，右脚向前上一步，脚尖外擺；左脚隨即緊跟向前上步，脚尖點地成左高虚步；借上步轉身之力將兩錘掄起（圖 8－109、圖 8－110）。

2. 隨即將左錘帶到身體的右側，右錘由身體右側經體前向體左側打立圓，打雙手立圓舞花；兩手先在身體右側後在身體左側交叉，重心隨雙手舞花前移到左腿上，右脚跟提起（圖 8－111）。

3. 隨即以左脚掌爲軸向左轉體 90 度，右脚向前上一步，重心仍在左腿上；同時右臂帶錘向左内旋，左手隨右手在身體右側交叉繞一周後，兩手隨轉體繼續在左側交叉打立圓舞花（圖 8－112）

4. 兩錘在身體左側打立圓一周後，以左脚爲軸向右轉體 180 度；同時，右脚向後撤一步，重心移到兩腿中間；兩手隨轉體帶錘經體前到體右側繞立圓（圖 8－113）。兩手帶錘在身體右側繞立圓之後向左轉體 90 度，在體前交叉（圖 8－114、圖 8－115）。

5. 上步、撤步，變換左、右雙手舞花時，做 4～6 次，而後再接做轉身雙手舞花。

要領：

脚上動作交待要清楚，步隨身换，變换時要輕而快；用腰通過臂帶動錘走；錘要上貼近頭，下貼近腿、舞花要立；整個動作做起來要連貫不斷，快如閃電。

（二十四）轉身雙手舞花

1. 按亂採花的最後一個右側舞花，當右錘到前方時右脚向前上一步，脚尖内扣；同時身體向左轉 90 度，右臂在上，掌心向下，左臂在下，掌心向上，做左側雙手舞花（圖 8－116）。左脚後插一步向左稍扭身；同時兩手在體前以掌根爲軸轉腕，變成右臂在下、手心向上，左臂在上、手心向下（圖 8－117）。

2. 以兩脚前脚掌爲軸，向左轉體 90 度，兩手以掌根爲軸順時針劃圓；左手錘由左經上向右下到體前，右錘由左經上到下完成轉體動作（圖 8－118、圖 8－119）。

3. 繼續左轉 90 度舞花；同時，右手隨轉體由反握錘索滾索變爲正握，兩手虎口相對（圖 8－120）。

要領：

(1) 以腰帶臂，手腕要借臂力和舞錘的慣性。雙手舞花不僅動作要靈活，而且要起到助力和加速作用。轉體時要借腰擰舞錘、錘動風生，使身械協調配合一致。

(2) 步法的扣、叉、轉要步隨身換，上下一體，動作連貫、自如、迅速、準確。

(二十五) 單手舞花

1. 以左脚掌爲軸向左轉體 90 度，右脚向前上步，脚尖點地成右高虛步；在身體左側打一雙手舞花（圖 8－121）。

2. 左側雙手舞花完成時扣右脚，向左轉體 90 度；同時，兩手在身前以掌根爲軸順時針繞一周成左手在上、右手在下交叉；隨即左脚向右後插步左轉 90 度；左手撒把，右手後錘在手腕處斜搭到腕下（圖 8－122、圖 8－123）。

3. 當錘搭到右手腕處時，先以兩脚前掌爲軸向左轉體 90 度，續以左脚爲軸繼續左轉 180 度右脚同時向東上一步，以脚尖點地成右高虛步，使錘在身體左側以右手腕爲軸打一單手舞花；再于身體右側打一舞花（原地重複單手舞花六次）（圖 8－124、圖 8－125、圖 8－126）。

要領：

身體立直，向左、右轉體時以腰帶臂，以臂帶錘；速度要快，花要立，轉體帶錘要連貫自如。

(二十六) 轉身單手舞花

1. 接上動，當錘掛繞到身體右側時，向前墊右脚扣步，向右後插左腿，身體左轉 180 度；同時，前錘由前經下到左，右手腕以掌根为轴逆時針劃一圓，使後錘在右手手心内斜下搭到大魚際中部到手腕處（圖 8－127）。

2. 接上動，右脚落地即以兩脚前脚掌爲軸向左轉體 180 度；兩錘繼續單手舞花，隨轉體前錘由上經右向下掄到體前，後錘也由上經右向下掄轉，完成一個轉身單手舞花（連續做兩個轉身單手舞花）（圖 8－128）。

要領：

整個動作要連貫，扣步、插步和轉體要一氣呵成；以臂帶腕要快，特别是拇指和食指要起到主導作用；兩錘切不可相繞。

（二十七）拉接把撩掛衝錘

轉體後接着打兩個左、右單手舞花；當右側舞花的前錘錘索與地面接近水平時，上左手（掌心向下，兩虎口相對，相距兩拳）正握接把；隨即右脚跟落地，兩手帶錘在身體左側打一雙手舞花；當兩錘完成左側舞花時，左脚迅速上步裹扣，向右轉體 180 度，右脚收至左脚内側以脚尖點地；轉體同時，左手順錘索接拉把，抓握到錘的根部，收錘於左肩上，右手帶錘到右肩前側方，使右錘在身體右側反掛一周；右脚隨向前邁進一大步成右弓步，同時右手帶錘借繞錘的慣性向前平直打出，成右弓步前平攢打錘（圖 8－129、圖 8－130、圖 8－131、圖 8－132）。

要領：

(1) 拉、接把時要流暢而快，要保持舞花的速度和方向，一次到位；扣轉步要穩、準、自如。

(2) 左手拉把時，不能影響右手錘繞錘的速度和發錘的勁力。步到錘到，上下一體，使攢打錘剛勁迅猛。

（二十八）轉身弓步衝錘

左手助力到位後，即斜下拉錘至左胯側；重心後移，以左脚掌爲軸，向右轉體 180 度，右脚隨轉體向東上一大步成右弓步；同時右手滑拉把到錘索的中部，在身體前使錘由前經下打到右前方，成右弓步前平衝錘（圖 8－133、圖 8－134）。

第四段

（二十九）頭上平舞花（插花蓋頂）

1. 接上動，兩手同時滑握到兩錘索中部，右手由反握變爲正握；右腿收半步，重心後移，左手帶錘收於右腰側，右手帶錘收於體前，身面向右擰向南；以兩脚掌爲軸向左轉體 270 度，右脚提起；借轉身之力將兩錘從體右側經身前向左甩到頭上繞平圓；左手上伸準備接把

(圖 8－135、圖 8－136、圖 8－137)。

2. 右脚隨向左脚前上步裏扣，續左轉 90 度完成 360 度的轉體；左手以手心緊貼右手手背上伸接把，接把後左臂伸直，掌心向上，擰轉托平，右手落到體右側；抬頭看錘（圖 8－138）。

要領：

掄錘轉身時要步隨身换，錘借身轉，擰臂旋腕以加速錘力，使錘走弧綫掄至頭上，使舞花掄錘走得又快又平。

（三十）背上平舞花

1. 左手以掌心托錘索旋轉，左脚從右脚後向右插步，迅即前哈腰 90 度，并向左轉體 180 度；右手在背後緊貼左手正握錘索，掌心向上，兩虎口相對，右脚經左脚前向左上步并續向左轉體 180 度；左脚續經右脚後向右上步繼續左轉 180 度；錘在背上繞平圓兩周（圖 8－139、圖 8－140、圖 8－141）。

（三十一）轉身頭上長雲錘

1. 當背上平舞花兩周時，右手速滑握把到錘的根部（圖 8－142）。

2. 左手鬆開，頭左扭，向右前探身，左脚内扣，脚跟提起（圖 8－143）；然後，身體直立、右脚回收半步并向右轉 90 度，重心偏後；右手帶錘由身後向右繞到頭上，左手落到身體左前方與肩平（圖 8－144）。

3. 上動不停，以兩脚掌爲軸向左轉體 180 度，重心移到左腿上，右脚尖點地，左手上拉護住右手助力（圖 8－145）。右脚向西上步裏扣，繼續向左轉體 540 度；同時以手爲中心使錘在頭上隨身體的旋轉正平繞；錘繞到身後時，重心前移到右腿上，左腿向後撩起，左手落於左肩前方，與肩平；目視前方（圖 8－146）。

要點：

(1) 拉把要快，在頭上掄錘要平，要使錘隨轉體而加速。

(2) 錘在頭上平繞加速是爲了給下動旋子創造起跳增力的條件。

（三十二）旋子下掃錘（秋風掃葉）

左脚在身後落脚蹬地；右腿向右上擺打旋子；同時右手由右側經腹前走一斜弧到身下使錘劃一平圓（圖 8－147、圖 8－148）。

要領：

旋子要抬頭，左臂伸直，指尖向前；右手帶錘下掃時錘要迅猛，錘要掃平。掃錘與旋子要配合協調。

（三十三）上雲、扣腿、旋轉、拉錘

旋子落地時面西，續向左轉體 450 度面南，重心移到左腿上，右脚扣於左膝彎處；轉體同時兩手護錘將錘帶到頭上平掄一周，續以右手帶錘經頭上掄至胸前，左手接握錘索滑拉向另一錘邊，反握（掌心向上），兩臂側平舉，在胸前拉平，目視右錘（圖 8－149、圖 8－150）。

要領：

轉體時是左脚獨立旋轉，身體要直、平穩，右腿要扣緊。

（三十四）掛錘、并步、接把

右脚向右落一步，重心在左腿上，左手錘在身前反掛（手心向上），錘掛到身體左側（圖 8－151）。隨即重心稍向右移，左脚向右脚并步；右手（手心向下）接左手錘并拉握到錘的根部；目視雙錘（圖 8－152、圖 8－153）。

要領：

并步時，接把要快、要準，一次即拉到錘的根部。

（三十五）弓步壓錘

左脚向左跨一大步成左弓步，同時左手由體前向下、向左擺到頭上亮掌，手心向上，指尖向前；右手提錘在身前由右向左劃半弧後逆時針劃一小立圓，在體前成左弓步壓錘，右手手心向西，壓錘在左腿內側；目視正南（圖 8－154）。

（三十六）丁步亮錘（收式）

1. 左脚向右後斜撤一大步，兩手同時向外劃弧收到腰間，手心向上，向前穿掌；左腿半蹲，提右脚以脚面扣於左腿膝窩；雙目平視前方（圖 8－155）。

2. 隨即右脚向右後撤一步，脚尖外擺，重心後移，向右提落左脚成左高虛步；同時兩手經體前掸手到體兩側，右手續外擺抬到身體右側高與肩平，左手由上往下往右經胸前劃弧，按在右手腕裹側，成左高虛步亮錘姿勢；目視前方（圖 8－156）。

要領：

上步穿掌、撤步掸手、左高虛步亮錘要做得清楚、利索。

收式：左脚向前上一步，右脚上步與左脚并步，兩手隨上步分別落於身體兩側（圖 8－1）。

流星錘綜合套路的動作圖解

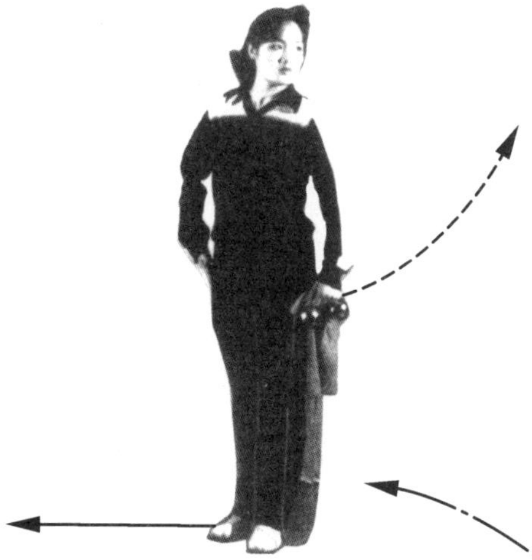

圖8-1

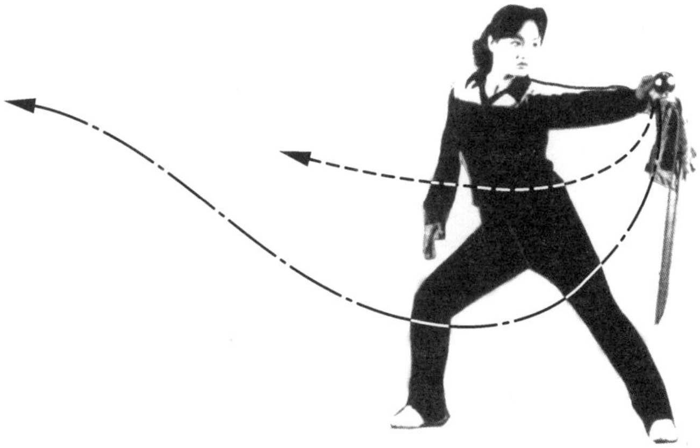

圖8-2

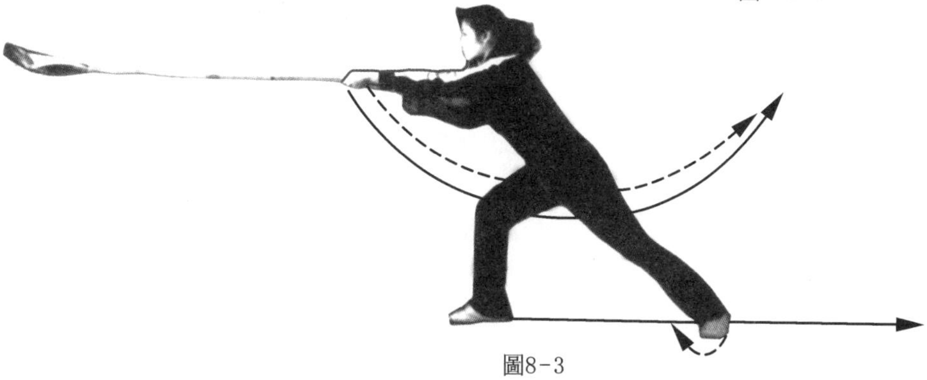

圖8-3

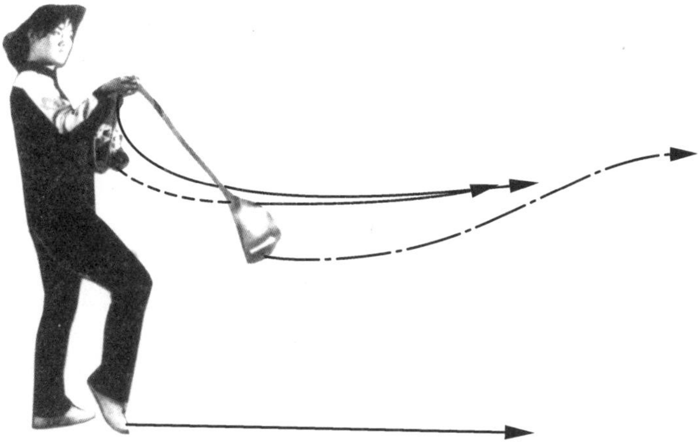

圖8-4

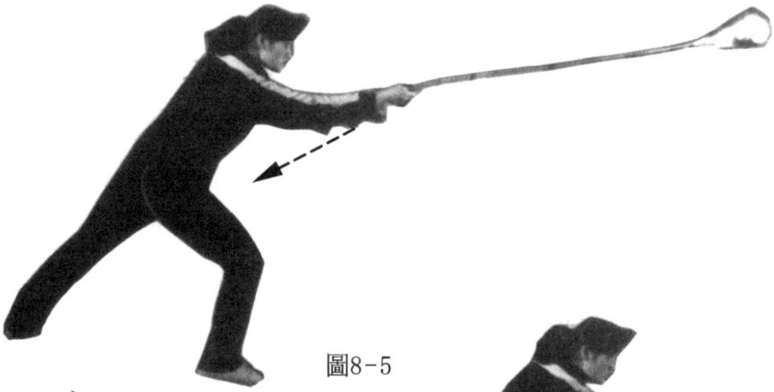

圖8-5

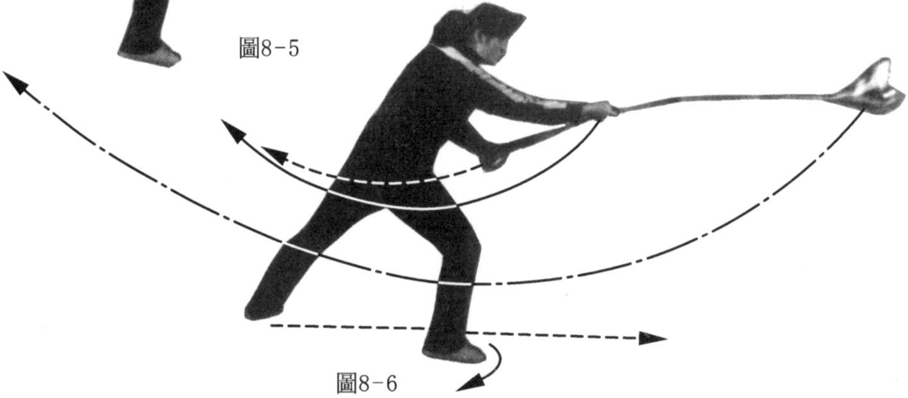

圖8-6

圖8-7

圖8-8

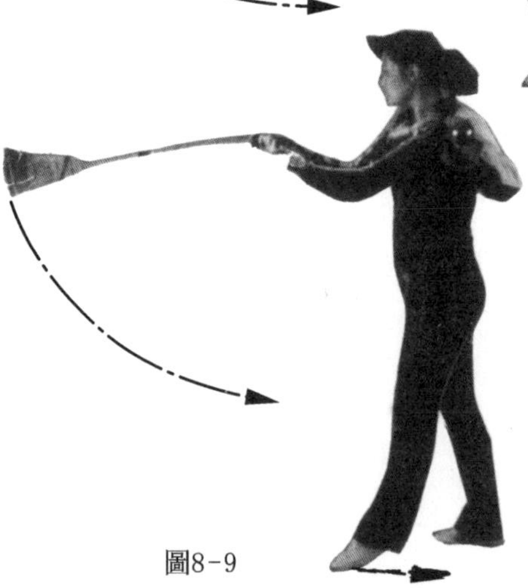

圖8-9

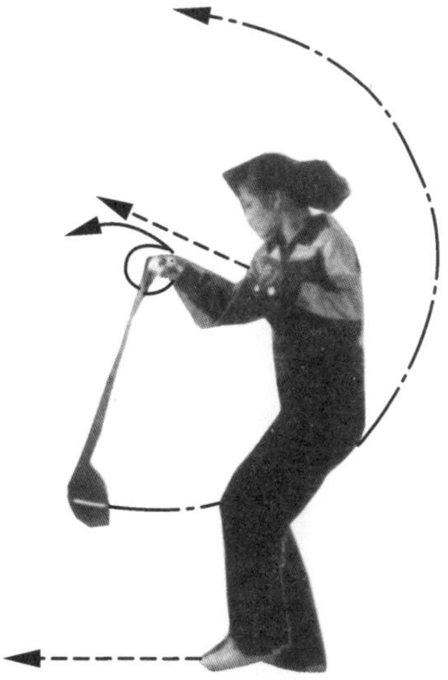
圖8-10

圖8-11

圖8-12

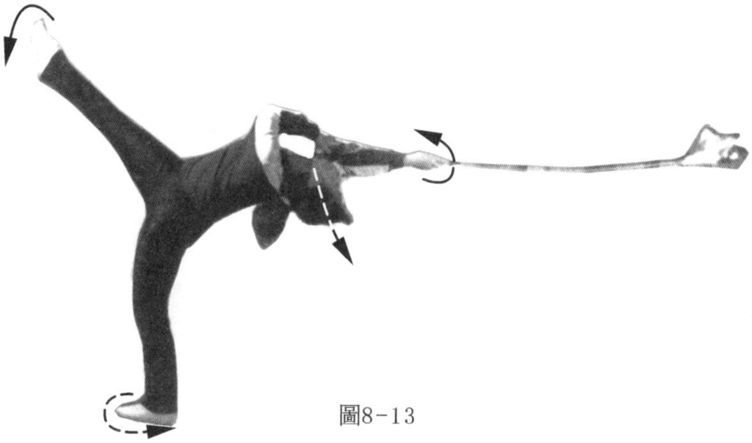
圖8-13

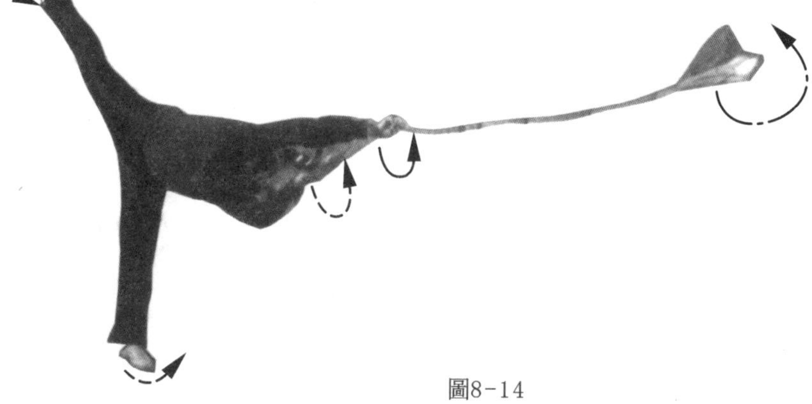
圖8-14

圖8-15

圖8-16

圖8-17

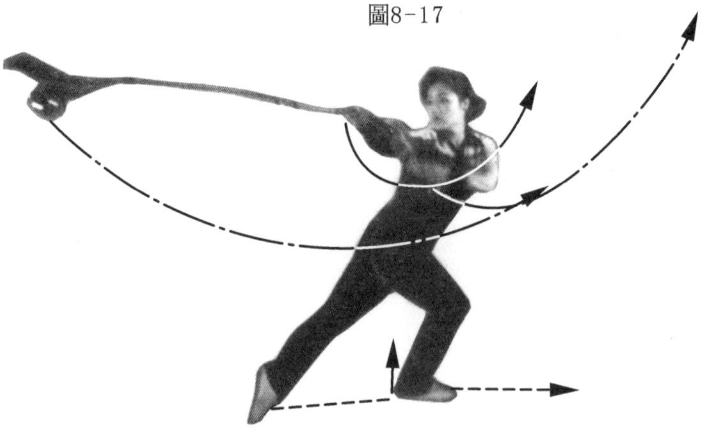

圖8-18

圖8-19

圖 8-20

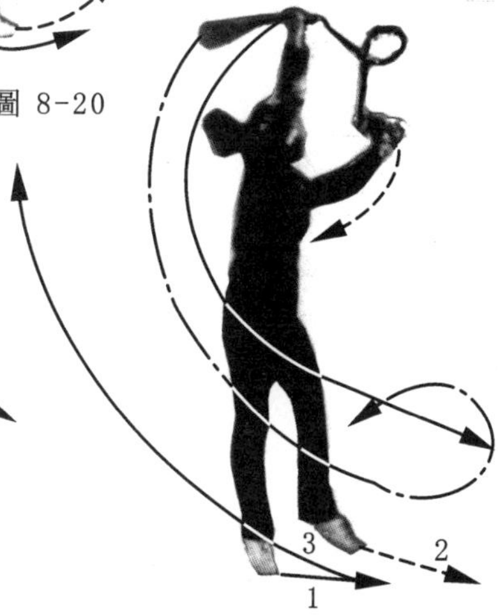

圖8-21

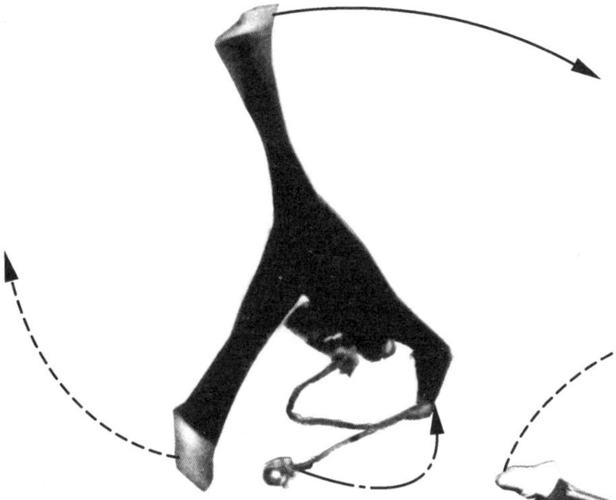

圖8-22

圖8-23

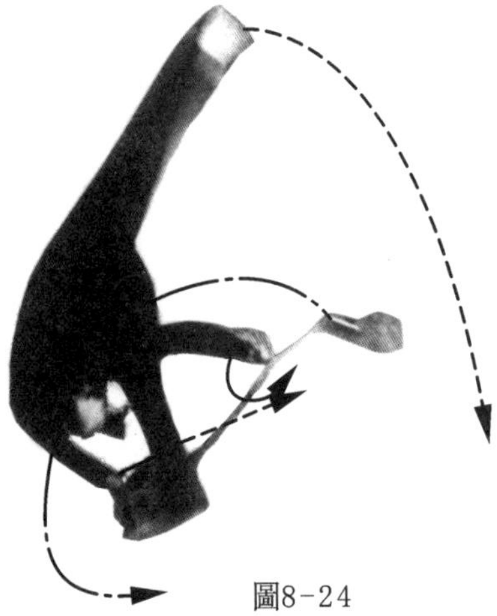

圖8-24

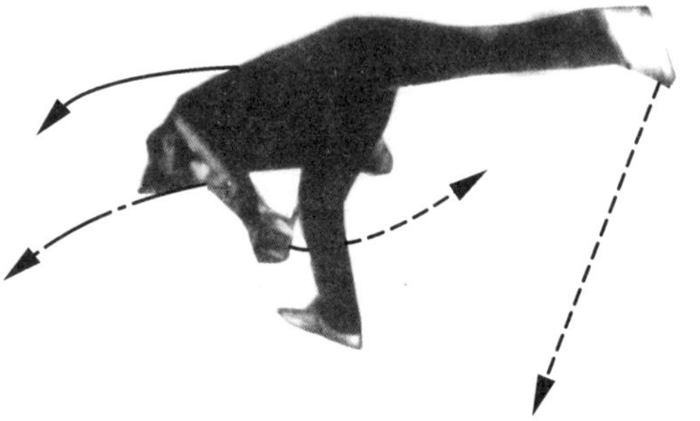

圖8-25

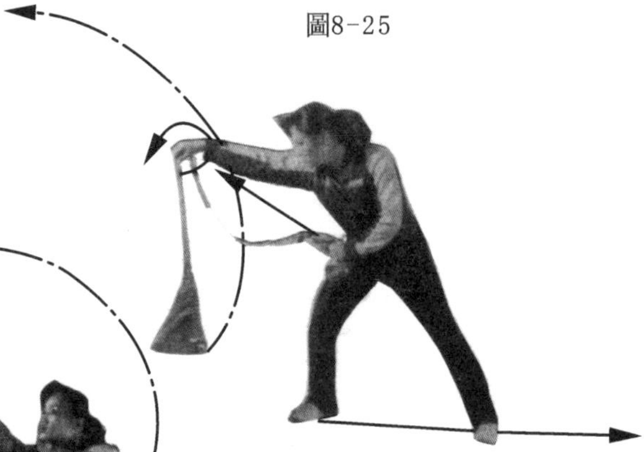

圖8-26

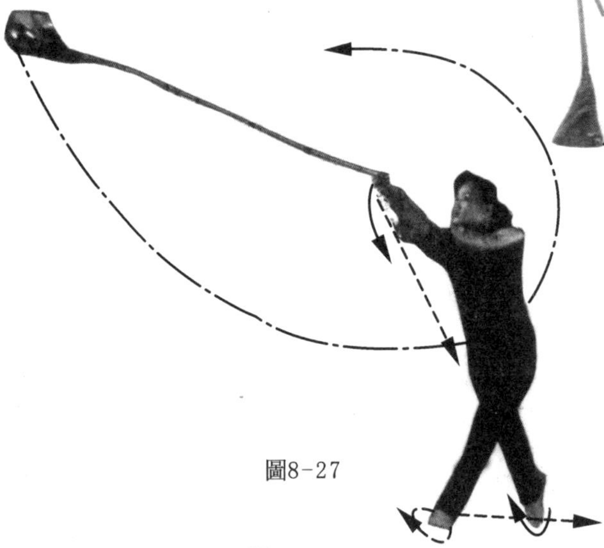

圖8-27

圖8-28

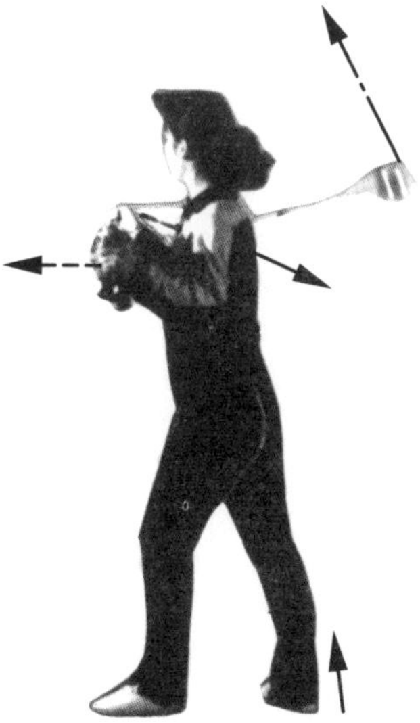

圖8-29

圖8-30

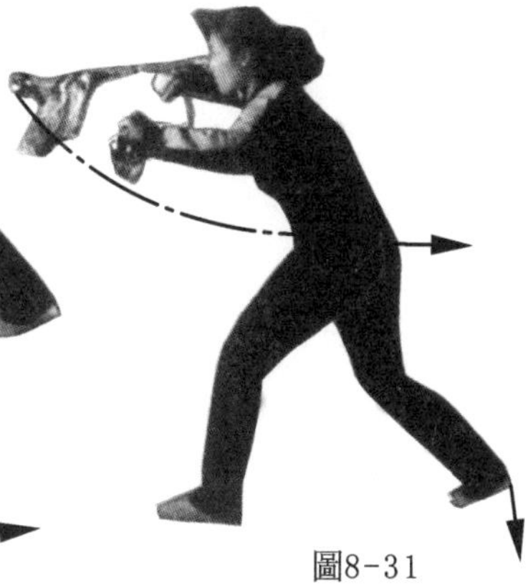

圖8-31

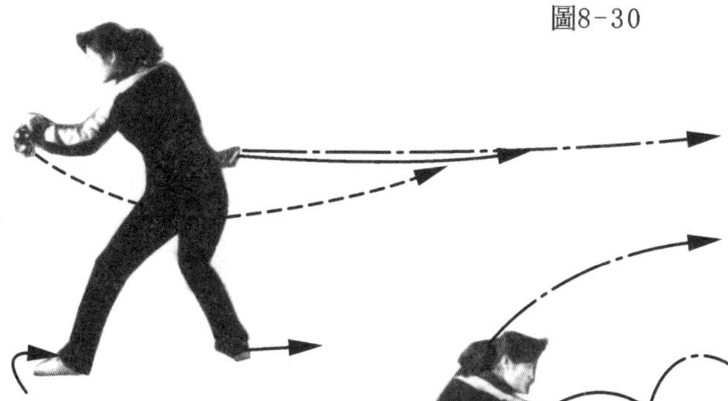

圖8-32

圖8-33

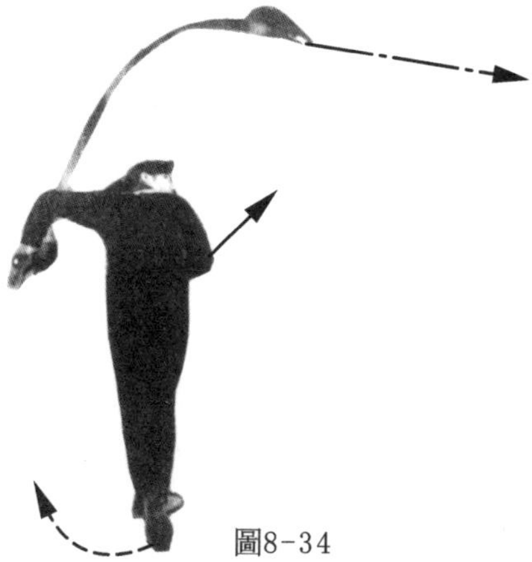

圖8-34

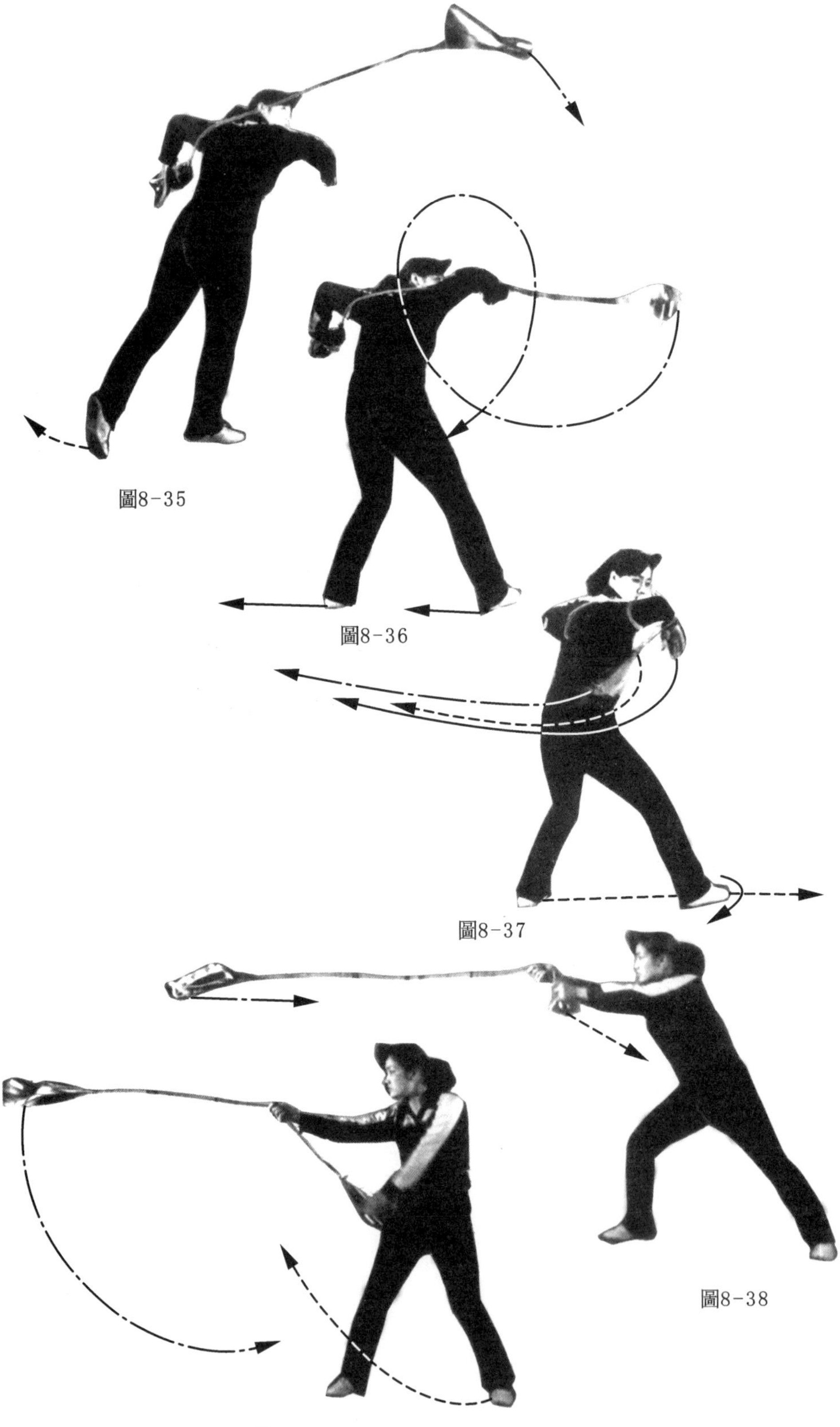

圖8-35

圖8-36

圖8-37

圖8-38

圖8-39

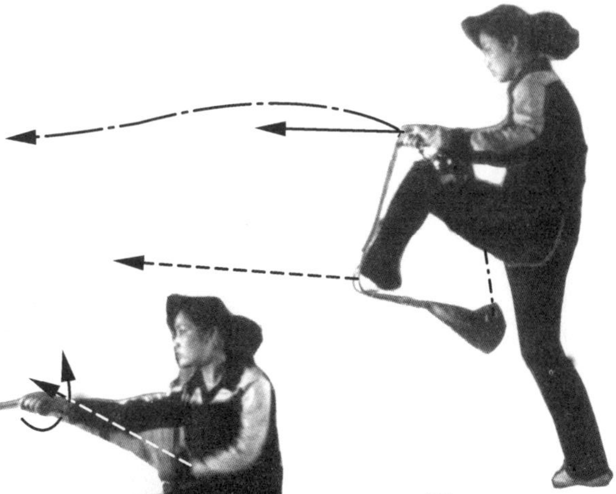

圖8-40

圖8-41

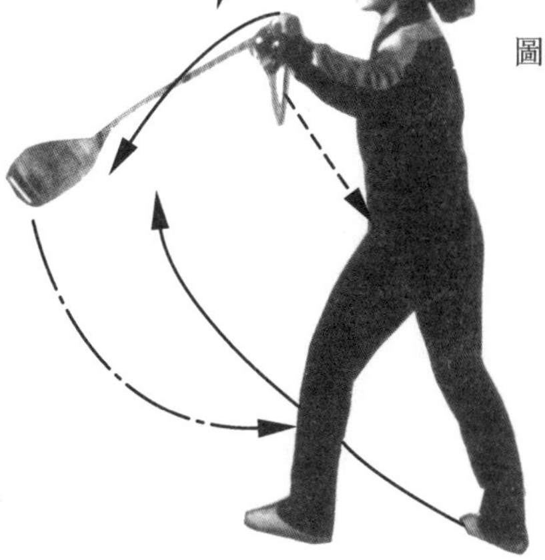

圖8-42

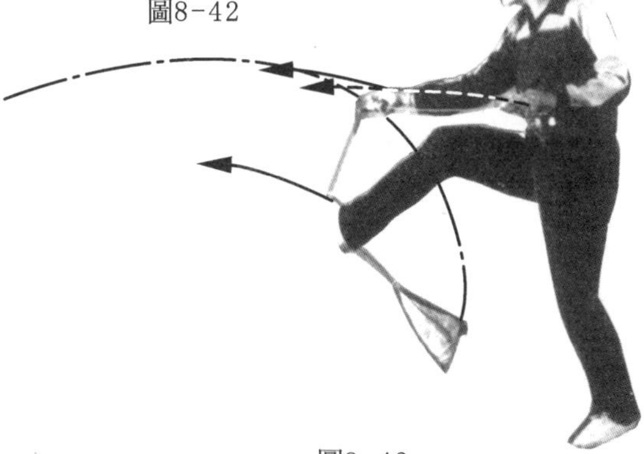

圖8-43

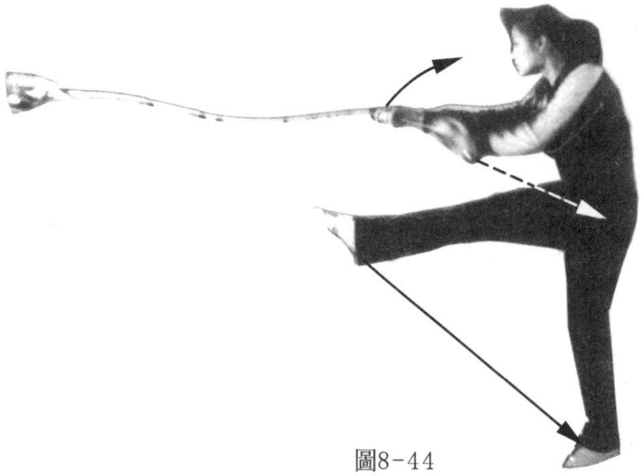
圖8-44

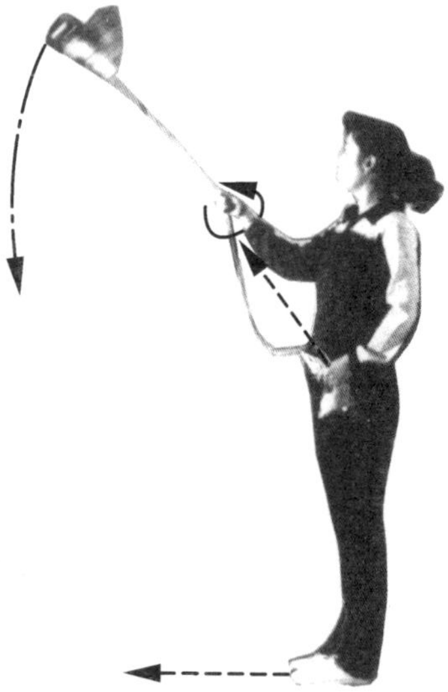
圖8-45

圖8-46

圖8-47

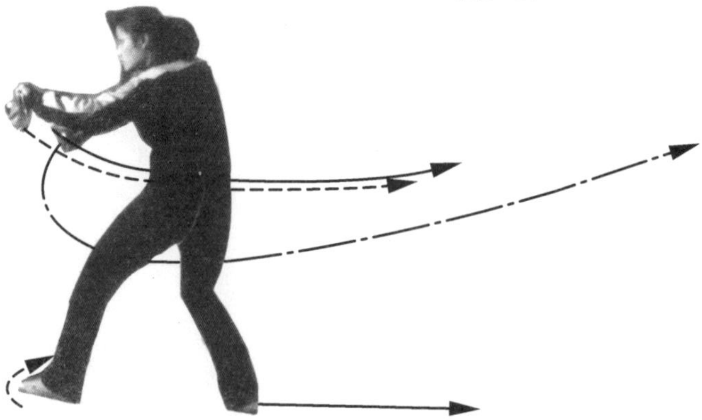
圖8-48

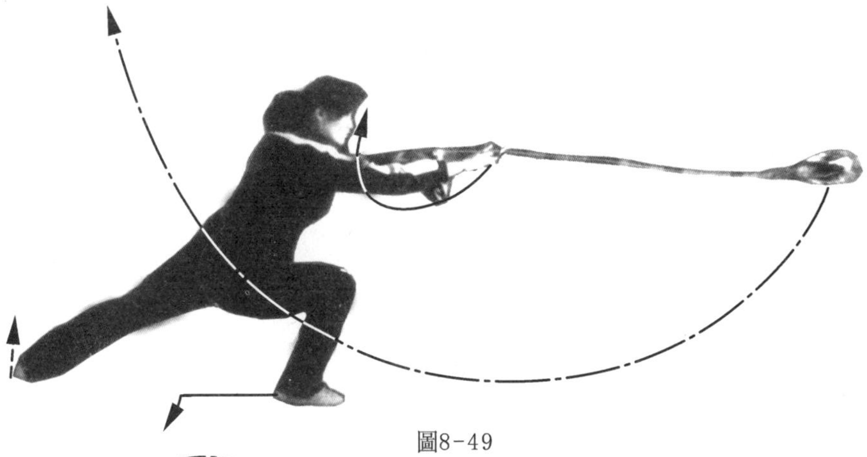

圖8-49

圖8-50

圖8-51

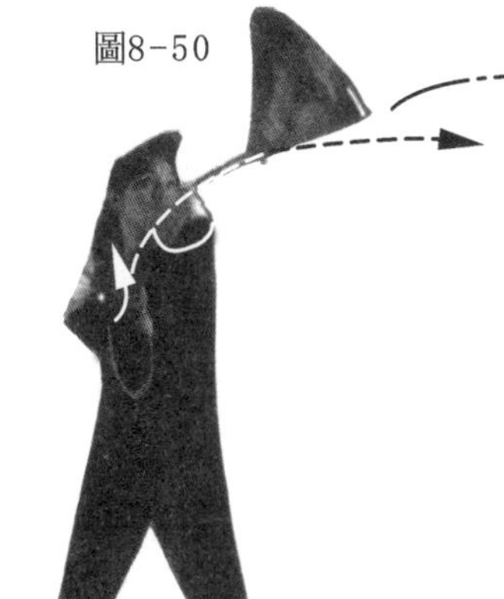

圖8-52

圖8-53

圖8-54

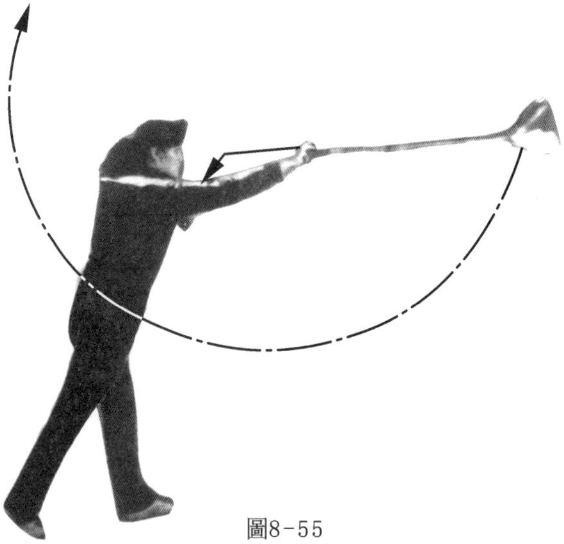
圖8-55

圖8-56

圖8-57

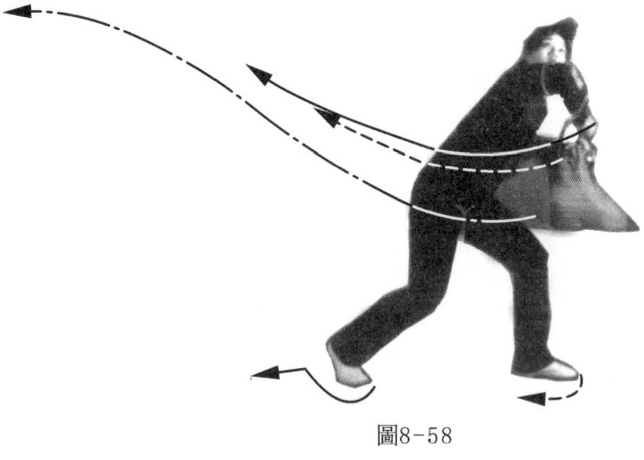
圖8-58

圖8-59

圖8-60

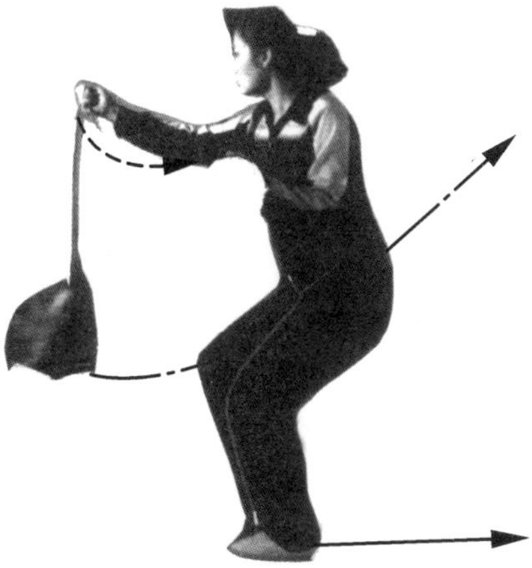

圖8-61

圖8-62（反面）

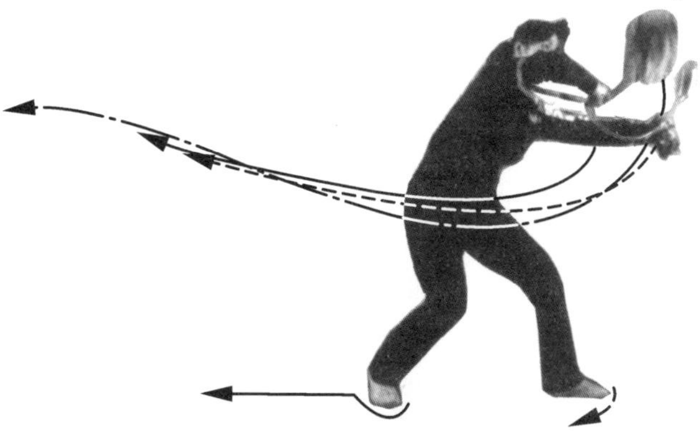

圖8-63（反面）

圖8-64

圖8-65

圖8-66

圖8-67

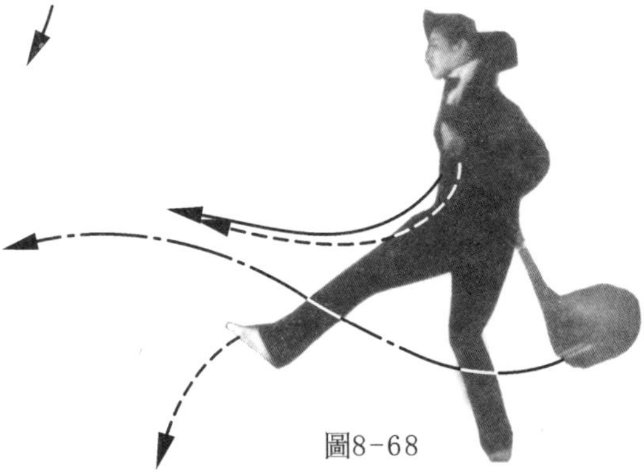

圖8-68

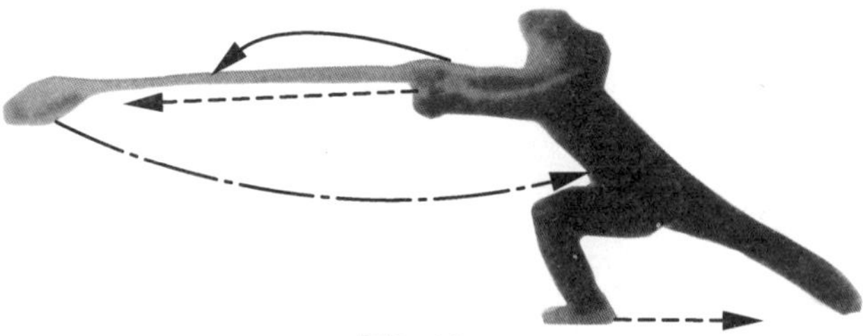

圖8-69

圖8-70

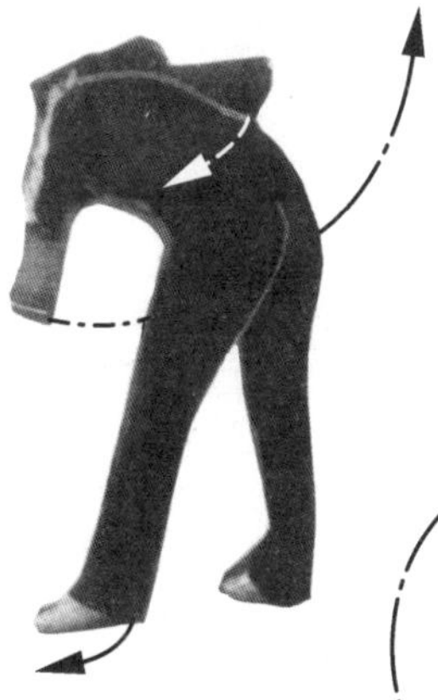

圖8-71

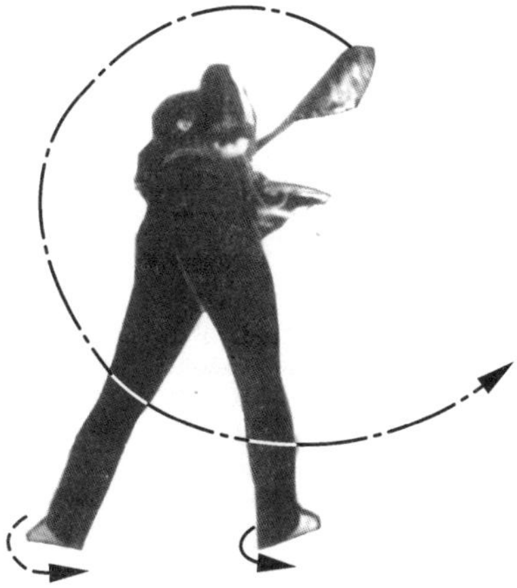

圖8-72

圖8-73

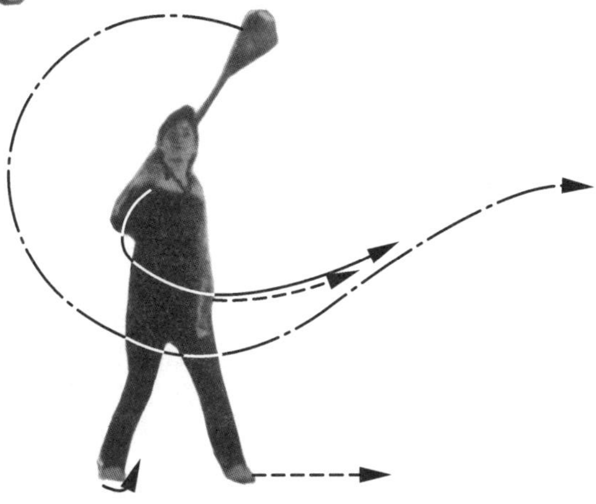

圖8-74

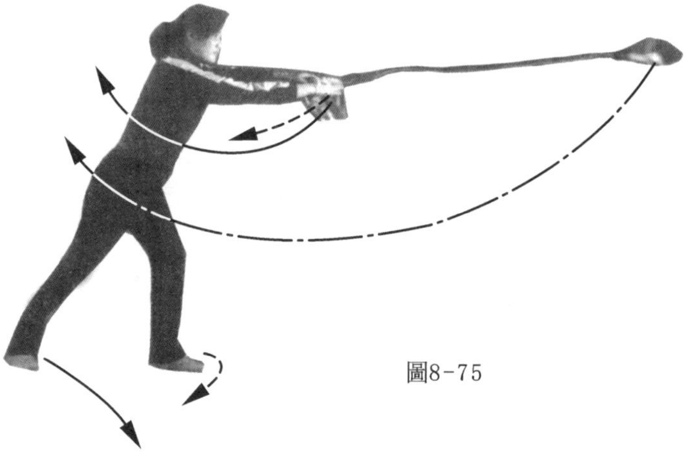

圖8-75

圖8-76

圖8-77

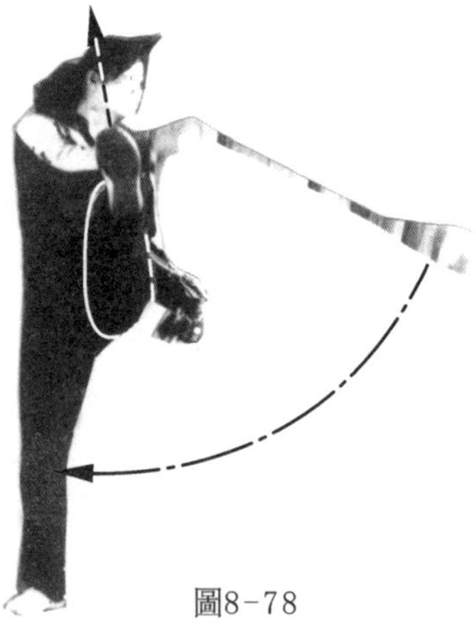

圖8-78

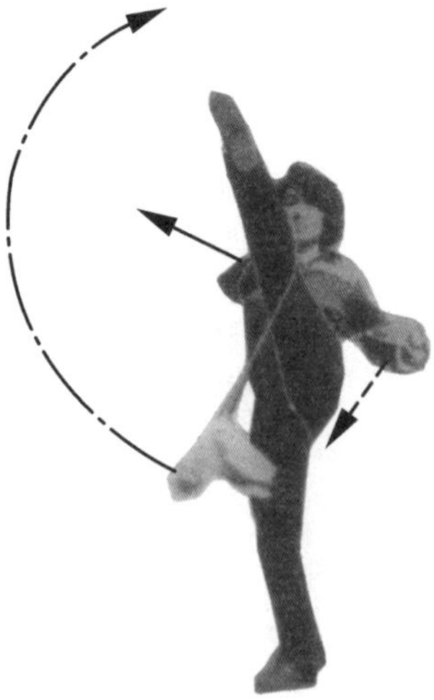

圖8-79

圖8-80

圖8-81

圖8-82

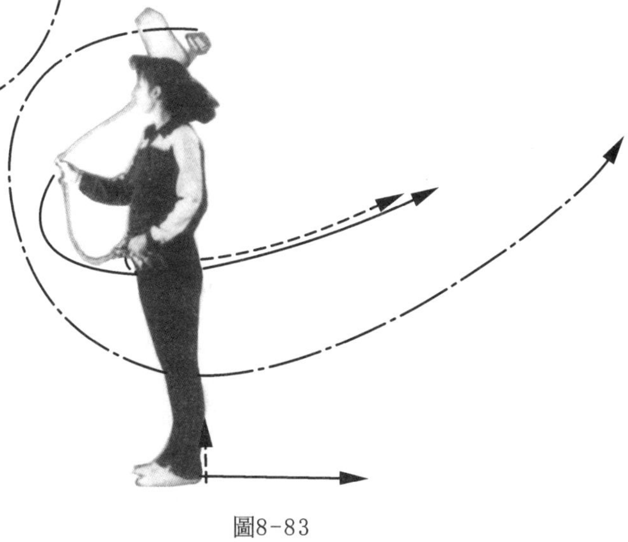

圖8-83

圖8-84

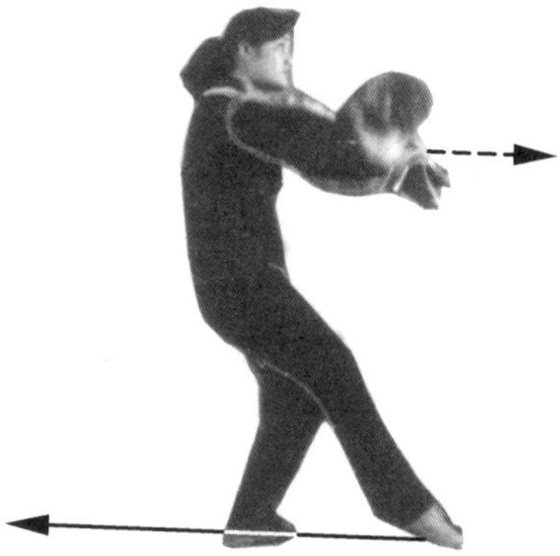

圖8-85

圖8-86

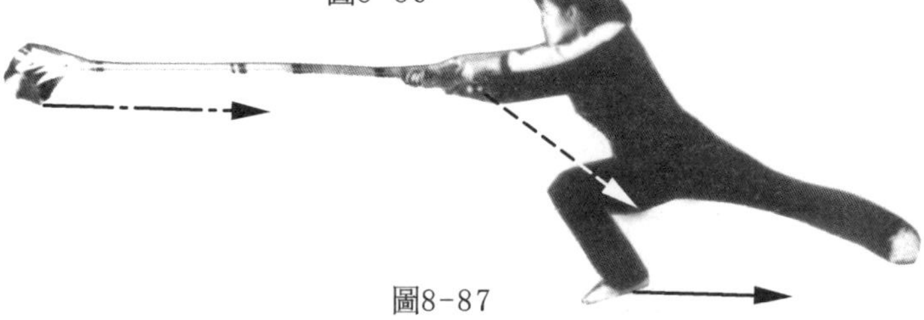

圖8-87

圖8-88

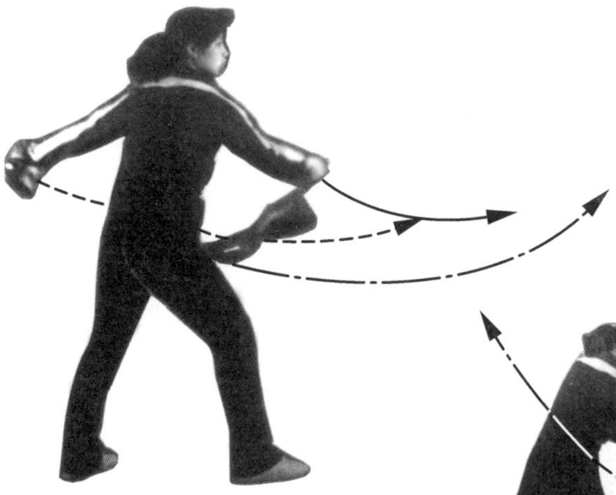

圖8-89

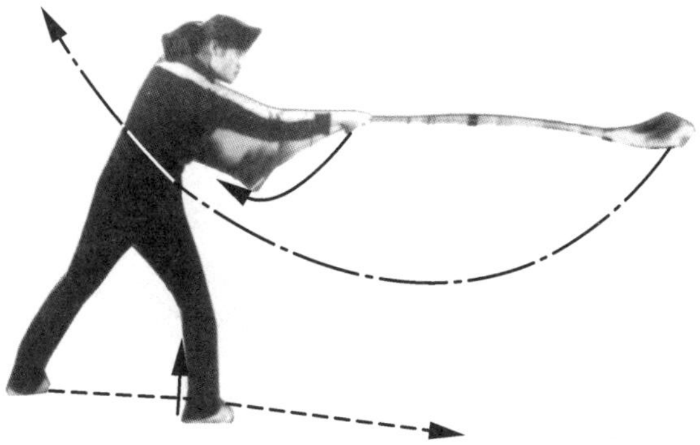

圖8-90

圖8-91

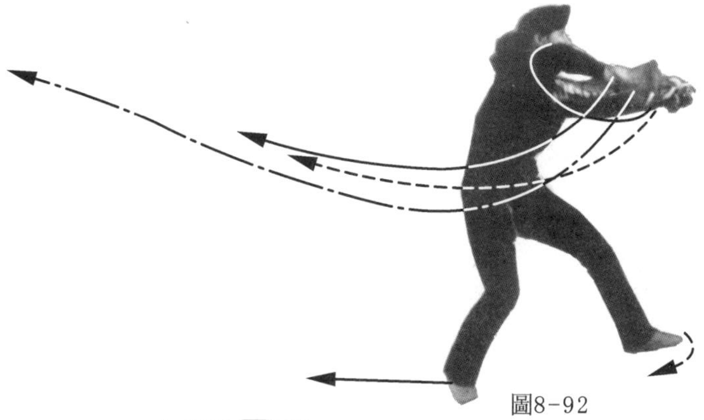

圖8-92

圖8-93

圖8-94

圖8-95

圖8-96

圖8-97

圖8-98

圖8-99

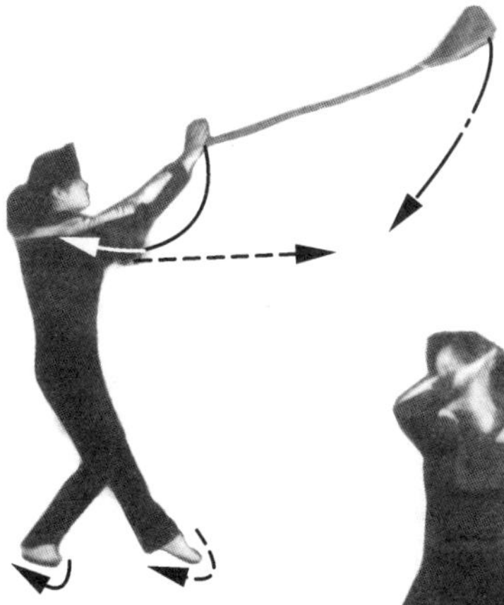
圖8-100

圖8-101

圖8-102

圖8-103

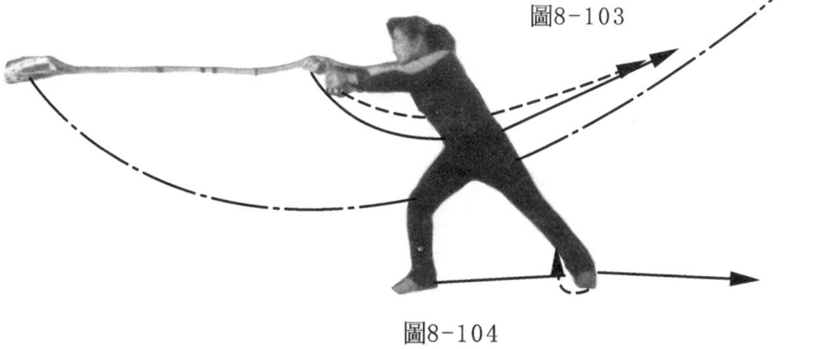
圖8-104

圖8-105

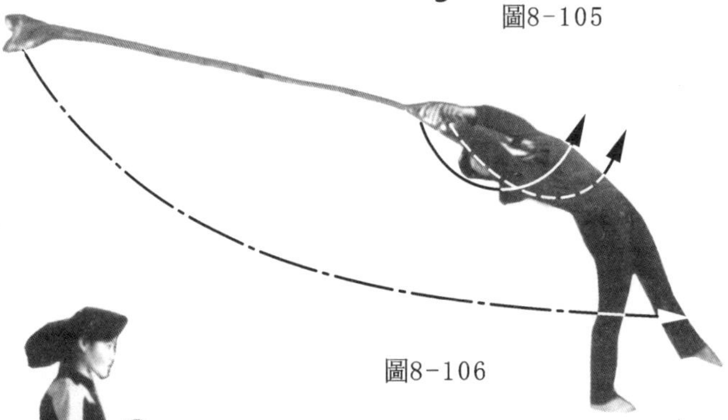

圖8-106

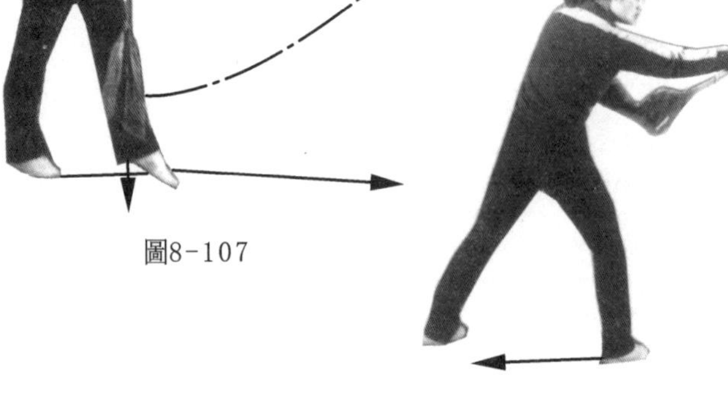

圖8-107

圖8-108

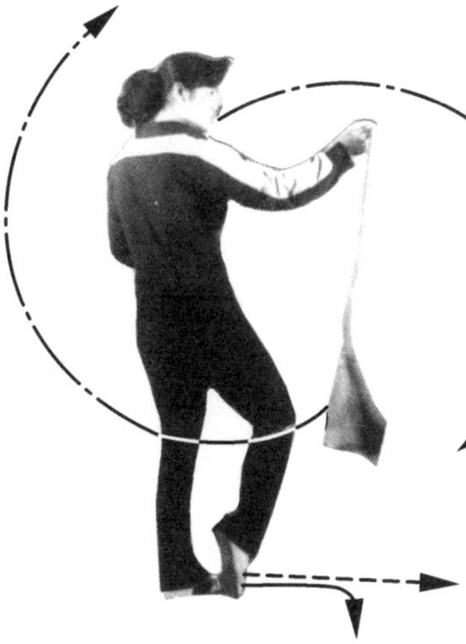

圖8-109

圖8-110

圖8-111

圖8-112

圖8-113

圖8-114

圖8-115

圖 8—116

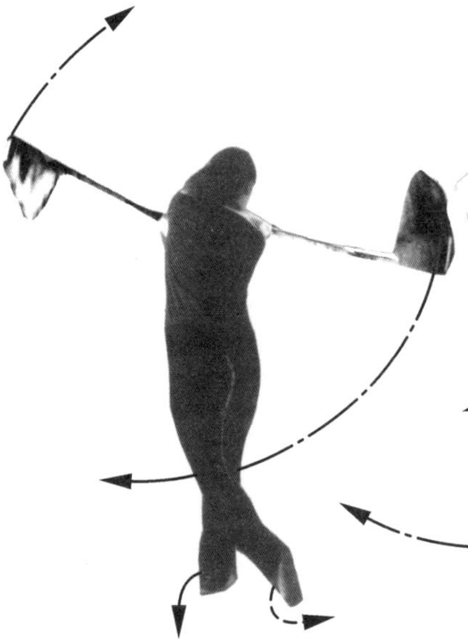

圖8-117

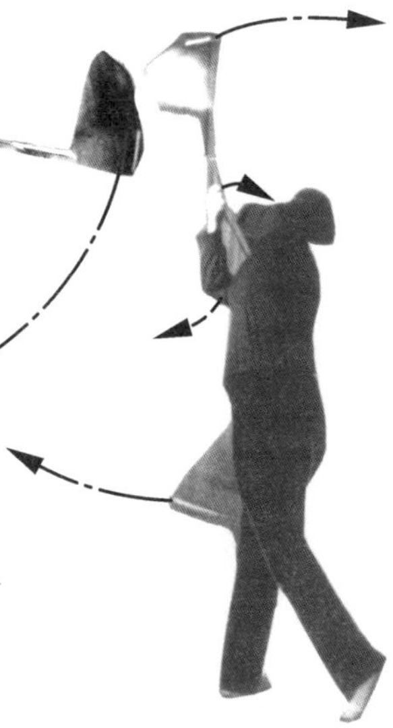

圖8-118

圖8-119

圖8-120

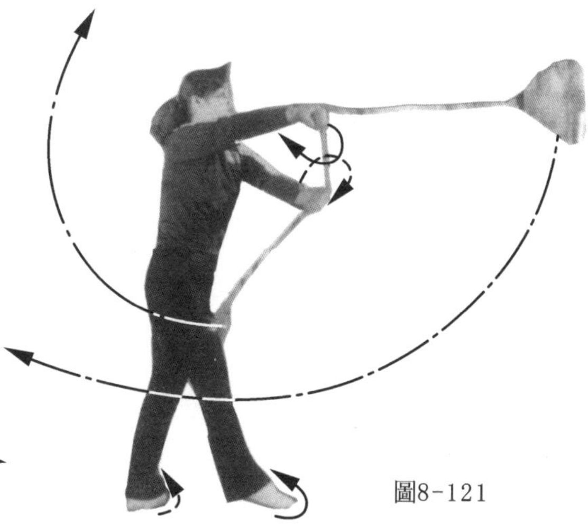

圖8-121

圖8-122

圖8-123

圖8-124

圖8-125

圖8-126

圖8-127

圖8-128

圖8-129

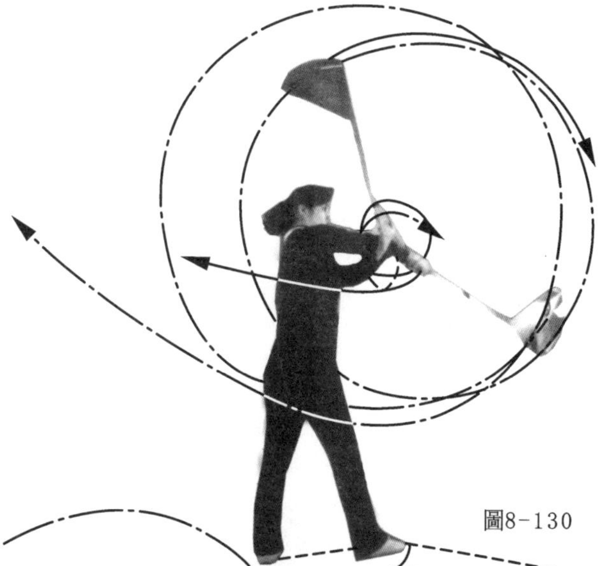

圖8-130

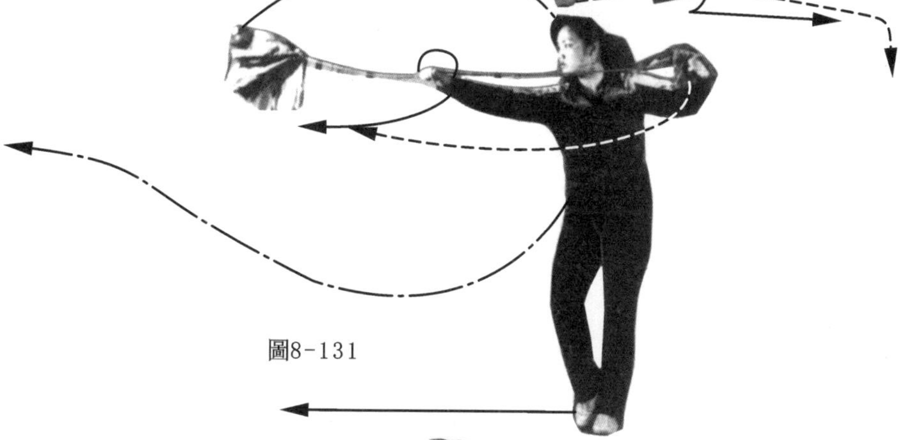

圖8-131

圖8-132

圖8-133

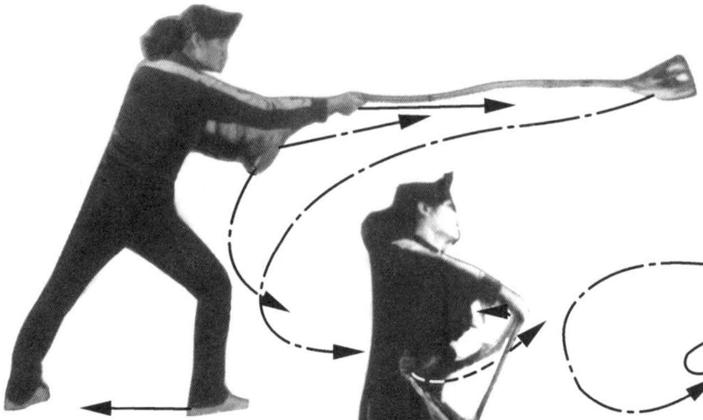

圖8-134

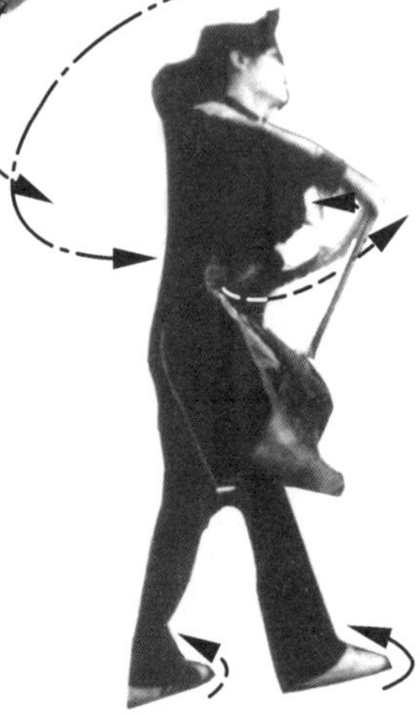

圖8-135

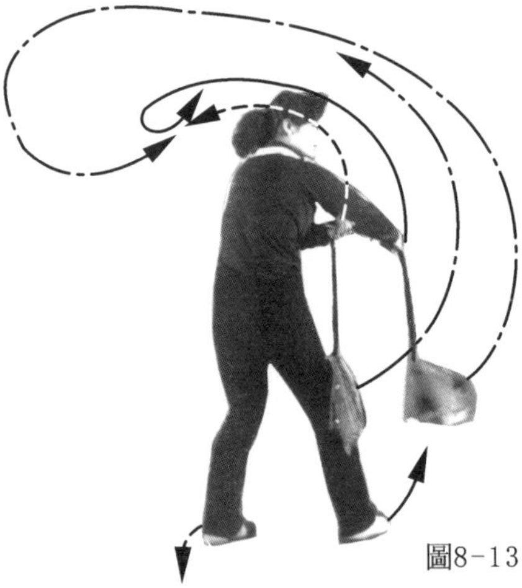

圖8-136

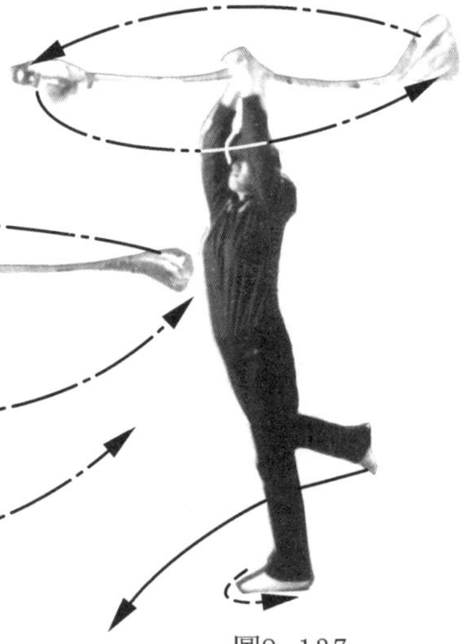

圖8-137

圖8-138

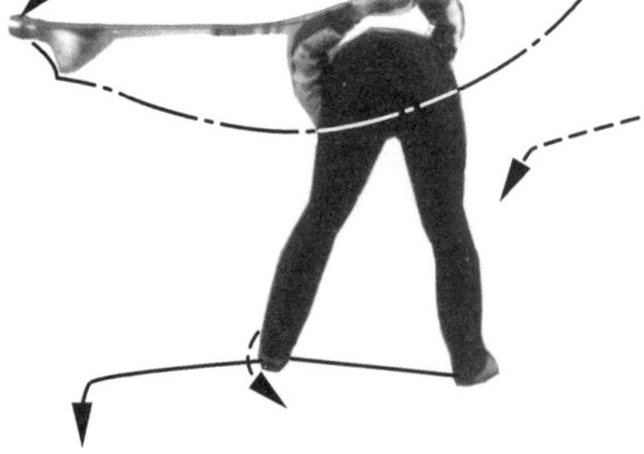

圖8-139

圖8-140

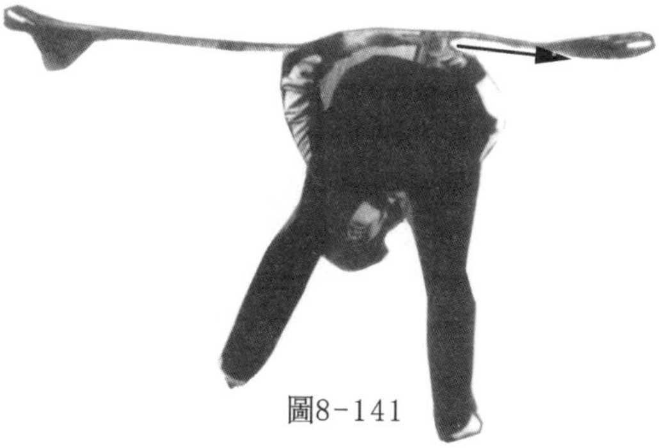

圖8-141

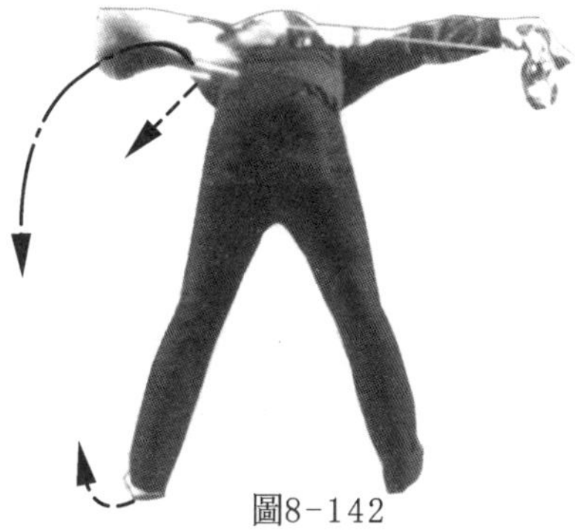

圖8-142

圖8-143

圖8-144

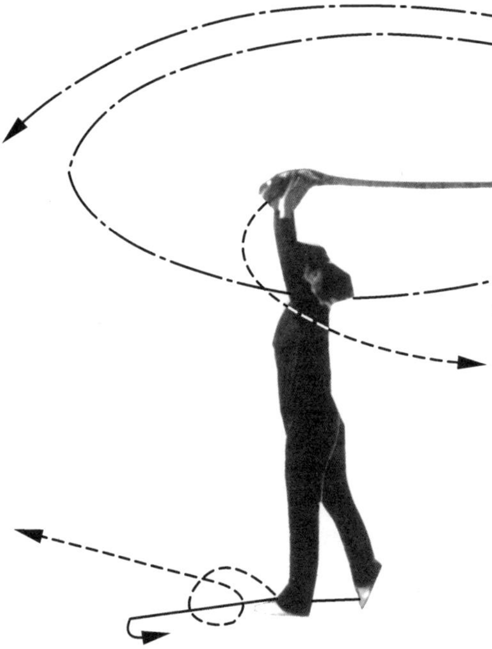

圖8-145

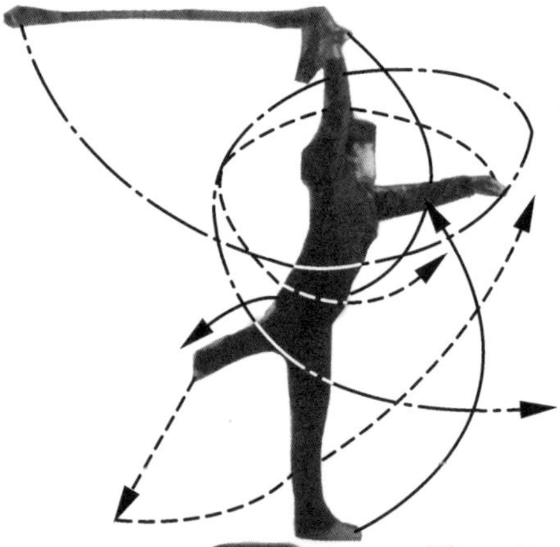

圖8-146

圖8-147

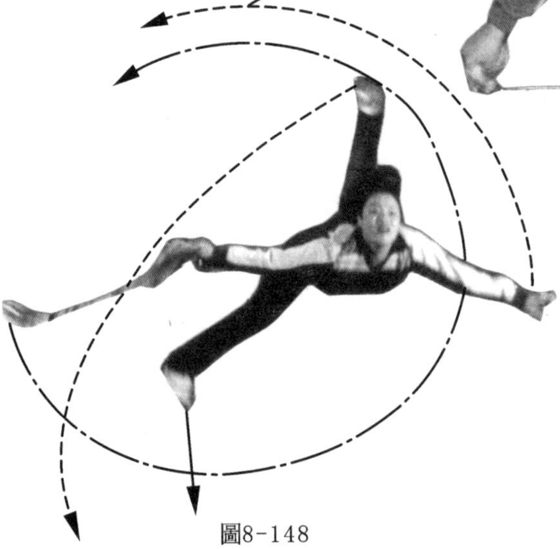

圖8-148

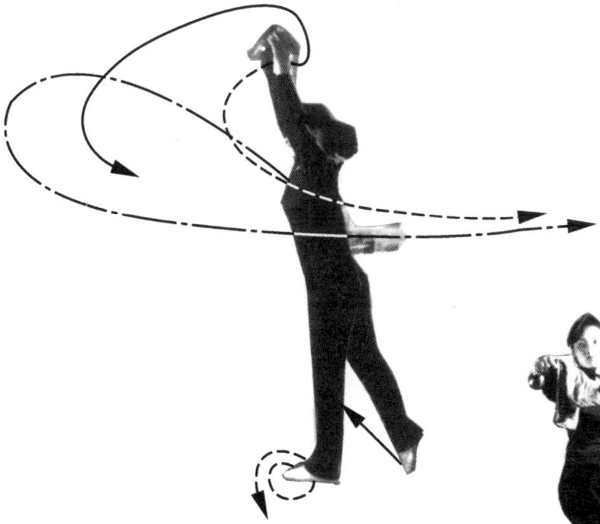
圖8-149

圖8-150

圖8-151

圖8-152

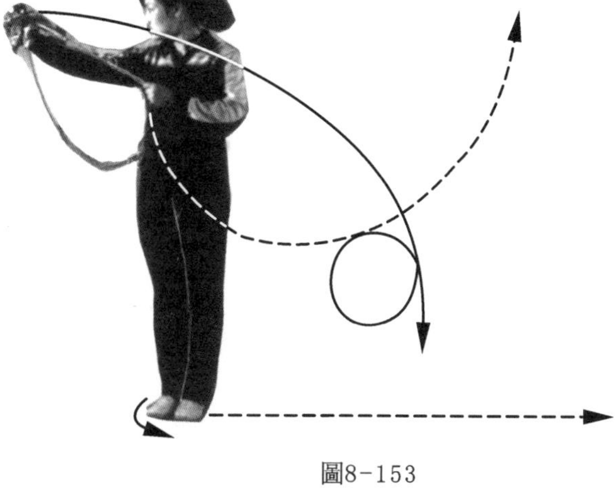
圖8-153

圖8-154

圖8-155

圖8-156

編後語

寫這本軟兵器中技術複雜、難度較大的雙流星錘一書，由於前無書文可供參考，又久不見有人全面技術的演練，特別是它的傳統攻防技術、錘法理論更早已絶傳。在老恩師李文彬先生的一再督促和指教下才完成了這一挖掘整理的任務，使這一瀕於失傳的寶貴技藝得以重見光明，完成了一樁拾遺補缺、繼承發揚的歷史使命。

爲了更好地帮助初學者解决精神和技術上會遇到的一些問題，現把個人幾經歷練的切身體會作爲編後語加以介紹，或有益於愛好者。

1. 要膽大心細

武林人士把各種器械視爲手、臂的引長，因之不論是單雙還是長短，運用起來該像加長了手、臂一樣，仍能運用自如，借以打得更遠，增强攻擊力。就一般器械來説，帶尖、帶刃、帶翅的，多是用鋼鐵或木杆構成的，故其本身都是堅硬挺直的，使用時不會變形，只要在運動中不失誤，基本不會發生自傷。但繫軟兵器則不然，不論是用繩还是用鏈擊以金屬或木棒作爲打擊武器的，其動作路綫和用力方法，稍有不當，或在運用中受到外力影響，都會使它在運動中産生變形或變向。使用者不僅難以正確發揮技術，更嚴重的是會打傷或碰及自己，這就大大增加了演練和使用的難度。特别是雙流星錘，其雙錘交錯繚繞尤其難於控制，更易發生自傷事故。特别是人們在學練之初，技法運用不熟，控制失當，皆易碰及自己。即或初學以皮球或木球沙袋等代用，但每當改用金屬錘時，由於精神緊張，打碰自己的事情仍在所難免，這就給初學者帶來精神威脇。更可笑的是有的人越怕挨打却偏偏地越容易挨打，這就是“怕”字在作祟。由於精神越有顧慮，動作越不自然，常使身手僵滯動作失調，當然就容易出差錯。因此習練雙流星錘首先要膽大心細，越不怕苦、不怕打，頭腦越冷静、清晰，反而越不挨打。久練久熟，從實練中去體驗掌握錘的運動規律和用力方法，即或遇有特殊情況，致使動作失誤，也能就勢轉化避免自傷。故學練雙流星錘要膽大心細，并逐步會用順勢變錘技巧，既有利於儘快掌握其特有技術又可避免碰傷事故或失誤。

2. 練好提高身體素質的基本功

練武術的實踐經驗告訴我們，一個人的身體素質如果没有較好的柔韌協調性是練不出高度的矯健技巧性的。這對一般人來説是必須遵循的道理，因而該認真地探索和追求它。我個人學練雙流星錘就是得力於腰腿的柔韌、彈跳等和一些專項基本功的賜予。十一歲時從李老師學武，在技術要求高、鍛煉管得嚴的基礎上，兩年來的努力，終於錘煉出一個動作較遂心、身手較矯健的好體質、好功底。對我來説，雖經過六年中學、四年大學和將近五年的教學歷程，又到而立之年，尚能有個聽用的腰腿，就是這個功底的恩賜。因之練起拳脚尚能剛柔相濟，迅猛輕快；練習一般器械也能身械如一，運用自如。比較起來，習練繫軟兵器還是較難些，要把繫軟難於控制而又力難從心的繩索，練成剛勁挺直、運動如意的利器是不容易的。特别練雙流星錘既要雙手吞吐遂心，變化自如，又要雙錘交繞、收放勁速，變换如意。在這剛寓於柔、吞吐變勢之中，只有身手柔韌而又協調矯健，才能做到既能迅猛剛實又能輕柔脆快，才能做到“錘隨手動，步隨身换，意動錘連，錘借身發”。在雙流星錘的動作中，周身無處不動，從上到下，頭、肩、肘、手、腰、胯、膝、足，又是無處不用，其勁力更是無處不發，尤其在一些擰腰擺臂、躍身跨步、蹿高縱遠、旋轉翻騰等複雜的技法動作中，更反映出它對肢體柔韌靈活、動作迅疾矯健、反應靈敏多變的技法需要。爲此特向雙流星錘愛好者誠摯建議：要認真練好腰腿和技巧的基本功，以便下一步在習練和運用雙流星錘中取得理想的效果。

3. 還該注意和追求的是：

（1）要習慣做好練前的準備活動

武術諺語云：“打拳不溜腿，是個冒失鬼”“練功不活腰，終究藝不高”。這是前人的經驗之談。在練一般拳械之前，人們尚知道先做做活腰、溜腿等準備活動。而練雙流星錘因其器械本身繩索軟長難於控制，再加上在運用中雙錘交繞，收放動疾，就更增加其難度，且在其“吞吐變换”中都需要“錘借身發”。爲了不觸傷自身，不阻滯，充分發揮動作技巧和力量，就必須使腰身四肢和手脚在原有柔韌功底的基礎上，做好充分準備活動以適應運動技巧和速度力量的需要，避免拉碰傷，并得以充分發揮出技藝理想的效果。

（2）掌握呼吸氣的運用

人體有内炁和外氣之説，但内炁是要通過内意和外氣（即呼吸氣）結合運用而起作用的，因之練雙流星錘主要要會用和用好呼吸之氣。而呼吸之氣在武術運動中對技巧發揮的質量、力量運用的效果、以至精神體現的作用等等，都會産生極其重大的影響，故武諺有："内練一口氣，外操筋、骨、皮。"這是因爲在武術動作中，常有忽高忽低、忽快忽慢的動態差别，甚至還有大動滚滚快如疾風暴雨，而驟然疾停又定如泰山磐石，形成極大變化。而練雙流星錘雖少疾停，但時而作驟起騰飛，時而作低伏盤旋，一旦發動又勢若奔雷，這樣疾驟變换不能不影響呼吸。而人們的呼吸本該是平穩而有節奏的持續進行，但在練錘時突然間就要做出這樣的變化，不能不使人們要有個急用就能疾變的適應能力。因之則必須善於結合動作，及時來調整呼吸，掌握用氣的方法并且不斷去實踐以適應之，否則呼吸氣的失調便會影響身體健康和技術效果的。那麽又該怎樣來用氣？概略談談，僅供大家參考：在彈跳翻騰用錘的動作中，當起跳時該用"提氣"；在騰空中該用"托氣"；在局部蓄力待發時該用"聚氣"；定勢求穩或想墮身生根則要用"沉氣"；在求足輕而身穩，而又要巧取變幻時就要用"閉氣"；在要驟然發動，而又使之能迅猛剛脆則要用丹田"省氣"（發動時以鼻用力呼氣，以助丹田發動能够更剛實，謂之"省氣"）。這是在一般情况下做動作必須掌握的用氣方法。我是邊習練動作技法邊注意呼吸的練習，從自然中逐漸適應和運用之，當久練久熟之後，便會於不意之中形成自然的配合。

（3）對用錘的雙手做單獨的技術操練

要學練雙流星錘就該對單手的使用、雙手的配合和用錘的技巧，進行單獨的操練。

首先要對每只手的用錘做好錘法基本動作的訓練。立繞錘、平掄錘是基礎，要習練純熟，要與身腰結成一體，且在不發動擊錘時前手的大小肌肉群要保持放鬆。且要在單手用錘的動作中做到"繞錘必正，掄錘必平，掛肘必準，搭肩或背身腰必隨"。

繼而再練雙手用錘，其前提是要"雙手合一，動作動力一體"，這是練雙流星錘的技法之本。無論是打出、拉回、舞動、變把、變向、發勁，還是單變雙、雙變單等等動作，都要做到一動無不動、一合無不合。只有練好雙手配合一體，才能求得用錘的得心應手。

（4）身手猶需進行全面結合的習練

①在單、雙手用錘熟練後，因爲行錘主要用腰動，所以還要先練好腰勁發錘。可先練“抖腰錘”，先做定式中抖，這是爲了練抖錘的技巧和勁力；再練動中之抖，它是動中實用的技法，有進步抖、退步抖、跨步抖、轉身抖、跳躍中抖、滾翻中抖，以及聯動綜合抖錘等等。能做到動作需要什麽錘，通過腰的作用就能發出什麽錘，這就是錘法要求的“錘隨人意，沾腰即發”。在練“抖腰錘”的同時，還該練練轉腰、翻腰、彈腰等錘法，以求較全面的做到“沾腰即發”。

在練好各種腰錘、能够運用自如時也就較充分地瞭解和掌握了錘的性能，再逐步求得“人借錘力，錘借腰發”的基本技巧。

②爲了更好地發揮“人借錘力，錘借腰發”的技法作用，還要習練各種掄臂、擺臂、擰背、轉體的舞花錘。經驗告訴我們，爲了找準手勁和幅度，在練舞花錘之前，先以棍找找技巧還是必要的。在練舞花錘時要先練由簡到繁的立舞花，練時要上近頭、下近腿，方向正；接着再練甩平錘、甩索的各種平舞花，以及單、雙手的變换。由於錘是在不停地飛舞，前動的結束就是後動的開始，能使錘在運動的慣性中進行變式、變手、變動，實質這些就是對練雙流星錘技術不可缺少的良好訓練。練舞花也是銜接變换組合練手法、身法和腰動以至振發精神必不可少的過渡動作，該先練好它。當對各種舞花錘能運用純熟時，就可以再進行各種組合錘的練習，但要先練簡易的，再練複雜和難度大的，要在循序漸進中求進益。

③追求綜合的提高：手與腰和錘經過單獨操練，於熟練後就要再進一步追求周身與錘的上下、内外形成一體一方，做到“眼見、意動、錘到、勁發”的技術境地。當然這還不能算達到技術高峰，還要更進一步提高擊錘的準確性，以增强實用效果。還要使發錘練出閃電般的速度和奔雷般的力量，這樣才真有實戰的作用力。另外，還應注意到在各個組合錘之間要儘量减少過渡動作的繞、掛錘，以求在技法的運用上更簡捷、更有實效。

（5）練出行錘的風威和氣勢

我們知道武術中各門技藝，都有其技法特點和風格，而各種武術器械又各有專長和使用特色，如果在演練中練不出它的特色和專長，就表現不出它獨有的風威和氣勢。而雙流星錘既索軟錘長，又兩端背用，既雙錘交繞難於控制，又柔中含剛、剛中寓柔，既要短繞纏身，又精長攻遠擊，故要適當地利用它錘動不停、舞中帶擊的特點，從而練出“舞如潑風，擊若奔雷”“橫掃千軍，勇不可擋”的威風和氣勢來，只有這樣才算練出雙流星錘的神威。願與諸愛好者共同努力奮勉前進，以求更好地繼承發揚之。

絮絮之言，猶未儘意，目的是使諸愛好者少走彎路，能儘快掌握雙流星錘的技法竅要，玆將個人多年實練體會寫出僅供參考，或謂非贅言也。

編著者之一　董平 誌